VIVIR
LA VIDA

VIVIR
LA VIDA

SARA
SEFCHOVICH

ALFAGUARA

PQ
7298.29
E33
V58
2000

VIVIR LA VIDA
D.R. © Sara Sefchovich, 2000

ALFAGUARA

De esta edición:
    D. R. © Aguilar, Altea, Taurus, Alfaguara, S. A. de C. V., 2000
    Av. Universidad 767, Col. del Valle,
    México, 03100, D. F. Teléfono 5688 8966
    www.alfaguara.com.mx

- Distribuidora y Editora Aguilar, Altea, Taurus, Alfaguara, S. A.
  Calle 80 Núm. 10-23, Santafé de Bogotá, Colombia.
- Santillana S. A.
  Av. San Felipe 731, Lima, Perú.
- Editorial Santillana S. A.
  Av. Rómulo Gallegos, Edif. Zulia 1er. piso
  Boleita Nte., 1071, Caracas, Venezuela.
- Editorial Santillana Inc.
  P.O. Box 19-5462 Hato Rey, 00919, San Juan, Puerto Rico.
- Santillana Publishing Company Inc.
  2105 N. W. 86th Avenue, 33122, Miami, Fl., E. U. A.
- Ediciones Santillana S. A. (ROU)
  Constitución 1889, 11800, Montevideo, Uruguay.
- Aguilar, Altea, Taurus, Alfaguara, S. A.
  Beazley 3860, 1437, Buenos Aires, Argentina.
- Aguilar Chilena de Ediciones Ltda.
  Dr. Aníbal Ariztía 1444, Providencia, Santiago de Chile.
- Santillana de Costa Rica, S. A.
  La Uruca, 100 mts. Oeste de Migración y Extranjería, San José, Costa Rica.

Primera edición en México: noviembre de 2001
Segunda reimpresión: junio de 2001

ISBN: 968-19-0803-1

Diseño de cubierta: Enrique Hernández López, 2000
Ilustración: Agnolo Bronzino, *Lucrezia Panciatichi* (fragmento), c. 1541.

Impreso en México

Índice

A Sol, Rodrigo y Ian: gracias.
Gracias por las perras, por la música, por la lógica.
Y por el cariño.

La autora piensa que el mundo fue creado
para escribirlo en los libros.
Por eso le pidió prestada una frase
a su personaja y la usó como epígrafe:

Las palabras hacen visibles
verdades evidentes.
Rosalba Goettingen

Prólogo:
En el que se advierte cómo es la vida

Dice Fátima Mernissi: La vida es un juego. Considérala de ese modo y podrás reírte de todo el asunto.

❖

Pero, dice Jordi Soler: ¿Cómo puede pasarse del bienestar al malestar con tanta facilidad?

Capítulo uno:
De lo relativo a empezar a vivir

Eran las nueve y media cuando llegamos a nuestra casa. La primera, la única vez en toda mi existencia, que a esa hora todavía no estaba en la cama, tomando mi vaso de leche y lista para dormir.

Estábamos agotados. Entre la misa, las fotografías, los abrazos, la comida, el zafarrancho y el viaje hasta la ciudad, el asunto había durado muchas horas. Así y todo, yo esperaba que Paco me cargara en brazos para cruzar el umbral, pero no lo hizo. Es más, ni siquiera me cedió el paso como decía la abuela que deben hacer los caballeros. Entró al departamento y se desplomó sobre la cama con un largo quejido.

Yo me fui derecho al baño para lavarme y perfumarme. Luego me senté en la orilla de la tina a esperar quién sabe qué, porque tenía miedo de salir. Me hubiera gustado que mi marido entrara a buscarme, para no tener que cruzar sola por esa puerta, pero no lo hizo.

Afuera no se oía ningún ruido. Poco a poco me armé de valor y abrí despacio. ¡Cuál no sería mi sorpresa al ver que mi flamante esposo estaba profundamente dormido, con todo y los zapatos puestos! ¡Y yo que no podía quitarme el vestido de novia porque me arriesgaba a la mala suerte eterna!

No me quedó más remedio que tenderme a su lado y acomodar lo mejor que pude el largo velo que se me enredaba por todas partes y la ancha falda que no me dejaba apoyarme a gusto. Y allí me estuve, quietecita porque no sabía que hacer.

En el día más esperado de mi vida, el hombre de mi vida se había olvidado de mí.

❖

Ay abuela, Paco no te gustó desde el principio. Dijiste: No te mira nunca, le da igual si te pones un vestido rosa o amarillo, si llevas el cabello suelto o recogido. Y dijiste: En lo único que se fija es que si el vino que sirvió tu padre es de esta cosecha o de aquel año, si las copas son de cristal alemán o francés, si los puros son importados o nacionales. Y dijiste: No es a ti a la que viene a visitar sino a tu padre y a tus hermanos, para jugar con ellos cartas o dominó. Con ellos conversa y ríe, tú ni le vas ni le vienes.

Pero yo no te hice caso. A mí me pareció guapísimo cuando Raúl lo trajo a casa la primera vez, el rastro de su loción duró toda la tarde flotando en el aire. Y me pareció maravilloso cuando vino a pedir mi mano, enfundado en su traje oscuro y su camisa blanquísima, el cabello negro perfectamente peinado y los zapatos más brillantes que había yo visto jamás.

Y no te hice caso cuando no cumplió con los detalles necesarios para un matrimonio con buenos auspicios: no me regaló un dije de media luna en nuestro primer y único aniversario de novios, para el día de la boda juntarlo con la otra mitad que mientras tanto él debía conservar, ni me invitó a cenar a la luz de las velas para pedirme que fuera su esposa y entregarme el anillo de compromiso con un diamante en forma de corazón para que el amor durara por siempre. Del aniversario ni se acordó y cuando quiso casarse conmigo, lo arregló con mi padre y nunca me llevó a ninguna parte ni me dio nada.

Tampoco compartí tu inquietud cuando lo del vestido. A ti y a la nana les dieron escalofríos cuando abrí aquella caja enorme mandada desde la capital y lo primero que saltó a la vista fue una mancha roja sobre la seda. Luego supimos que para darme una sorpresa, la dueña de la tienda había metido entre los pliegues de la falda una botella de vino que en el camino se quebró. Dijiste: Es un mal presagio. Yo te pregunté: ¿De qué? Tú respondiste: No sé, pero seguro de algo malo. Yo preferí ignorarlo y conseguir una tela idéntica para mandar a hacer un vestido igual, nada más que la costurera hizo trampa y cuando me lo entregó me di cuenta de que no lo había hecho con la seda finísima que compré. Le reclamé y entonces confesó que la tela se había manchado al caerle encima barniz de uñas de color rojo. ¡Hubo que hacer mi tercer vestido de novia sin que yo me hubiera casado ni una vez!

Durante la boda te desagradó que Paco no me levantara la falda para quitar de mi pierna la liga de encaje y aventársela a sus amigos solteros al mismo tiempo que yo les echaba el ramo de novia a mis amigas solteras. Pero es que no había amigos, él no los había invitado al festejo y yo menos, nunca tuve amigas ni solteras ni casadas, de modo que los que vinieron fueron nuestros parientes y los muchos conocidos de papá.

El peor momento fue cuando don Lacho se hizo de palabras con el gobernador, que pruebe usted esta carne magnífica, es de nuestro mejor ganado, que no muchas gracias, soy vegetariano, pero usted no puede hacerle ese desaire a mi compadre, no es un desaire, con todo respeto pero yo no como animal, total que terminaron sacando las pistolas, mientras las señoras gritaban, la nana se persignaba y tú arremetías contra ellos diciendo que siempre habías sabido que eran gente de baja ralea y que por eso no habías querido emparentar con ellos. Tu sangre fría evitó que se derramara la sangre de verdad.

Pero que no pudiera tomarse ni unos días para la luna de miel te disgustó no sólo a ti sino también a papá. De eso me di cuenta por la mueca que hizo cuando Paco se lo dijo, pero luego ya conmigo cambió y se puso a decir que la gente que trabaja en serio no se anda con babosadas de lunas de miel. Y dijo: Ya tendrás tiempo para pasear.

Pensando en todo eso me quedé dormida. Y para cuando abrí los ojos ya la luz entraba de lleno a la habitación, pues las cortinas se habían quedado corridas. Hacía mucho calor y yo sudaba, enredada en los metros y metros de seda y tul.

Paco no estaba en la cama. En su lugar había una nota: Buenos días muñequita. Tuve que salir a trabajar. Volveré por ti a las ocho en punto para la cena de gala con el cuerpo diplomático. Muchos besos.

De modo que se había ido y ahora yo tendría que pasar el día con el vestido de novia, porque no era cosa de arriesgar la mala suerte quitándomelo sola, tu marido es el que debe hacerte mujer me habían repetido hasta el cansancio la abuela y la nana y siempre agregaban: Acuérdate de cómo le fue a Paquita, que a media fiesta decidió ponerse unos pantalones, no vayas tú también a llamar al infortunio.

Así que no me quedó más remedio que ponerle al mal tiempo buena cara: me metí al baño, abrí la llave del agua caliente y cuando el cuarto se llenó de vapor estiré el vestido con las palmas de las manos para quitarle las arrugas. Después me refresqué la cara y los brazos y salí a conocer mi nueva casa, que Paco había elegido, arreglado y acomodado a su gusto. Recorrí los amplios cuartos, abrí los cajones, aprendí dónde se guardaban las toallas y los cubiertos, el café y la sal, los discos, las pantuflas. Y encontré el espacio que había dejado para mi ropa, que en ese momento saqué de la maleta y acomodé. En los cajones puse la hermosa lencería hecha a mano por mi abuela, toda de encaje, y en los ganchos colgué los vestidos de colores muy claros y el abrigo muy grueso porque según decían, en la capital nunca se sabe.

Cuando esa noche Paco vino a buscarme, ni cuenta se dio de que el vestido era el de novia. Entró a la casa y me vio con el cabello arreglado, el maquillaje fresco y el velo enrollado alrededor de los hombros a modo de rebozo y lo que dijo fue: Ya te gustó vestirte de blanco.

❖

La velada a la que me llevó trascurrió sin incidentes, aunque las mujeres me miraban extrañadas por tanta perla, encaje y tul que no venían al caso. En lo que a mí se refiere, me aburrí mucho, porque me sentaron junto al Nuncio Apostólico, que se puso a disertar para la esposa del embajador chino, que no entendía una palabra de español pero todo el tiempo sonreía y decía que sí con la cabeza, sobre los horrores de la educación laica y durante las tres horas que duró el convivio jamás cerró la boca. Yo mientras tanto, observé que igual que el día de la boda, Paco bebía más de la cuenta.

Y en efecto, para cuando volvimos a casa, el hombre cayó en un sueño profundo antes de darme siquiera las buenas noches. Traté de despertarlo hablándole suavemente al oído, acariciándole el cabello con dulzura y hasta zarandeándolo, pero fue inútil. Tuve que resignarme a pasar otra noche enfundada en aquellos metros y metros de tela mientras el ser destinado a hacerme mujer roncaba plácidamente a mi lado.

Debo haberme dormido yo también, porque cuando abrí los ojos la luz que se colaba por las ventanas era intensa. Y otra vez, en lugar de encontrar a mi marido, lo que había era una nota que me daba los buenos días y me avisaba que pasaría a recogerme a las ocho de la noche en punto para un concierto en el gran salón de la cancillería.

Por un momento sentí gran desesperación y estaba a punto de soltarme a llorar cuando recordé las palabras de la abuela: Nunca se debe empezar algo en la vida derramando lágrimas porque eso quiere decir que terminará igual. Así que resignada, pasé otra vez una buena parte del día desarrugando mi vestido con el vapor del baño y el resto sentada en el balcón mirando las azoteas vecinas donde había gran trajín de señoras que lavaban ropa y la tendían al sol. Hacia el medio día, la esposa del portero me preparó algo de comer.

Cuando pasó a buscarme, mi marido me soltó distraído una frase: Por lo visto el blanco es tu color favorito, siempre te vistes igual. Y otra vez las señoras me miraron sorprendidas por tantos tules, perlas y encajes. Pero yo me olvidé de ellas y hasta de mí misma, cuando empezó aquella música hermosa interpretada por un joven de largos cabellos que hacía correr sus manos por el teclado arrancándole las notas más sublimes, ¡una música que penetraba en el alma!

En el intermedio, mientras Paco saludaba a sus muchos conocidos y bebía una copa tras otra, yo fui presentada al talentoso pianista cuyos ojos ardientes se clavaron en mí hasta obligarme a bajar la mirada.

Por supuesto, esa noche sucedió lo mismo que las anteriores: mi cónyuge se quedó profundamente dormido a pesar de que esta vez yo ni siquiera entré al baño sino directamente me tendí en la cama junto a él. Pero ya no sufrí, pues pasé el tiempo recordando la música maravillosa y al joven apasionado que la tocaba.

Al amanecer encontré la consabida nota y como los días anteriores, me encerré en el baño para refrescarme y arreglar el vestido. En esas estaba cuando tocaron a la puerta y me entregaron un enorme ramo de flores con una tarjeta: Querida mía, anoche era usted la más hermosa, parecía una novia con aquel vestido ¿me honraría con una visita hoy que es mi último día en la ciudad? Si así fuera, me haría el hombre más feliz del universo. La espero a las cuatro en punto en la habitación 318 del Gran Hotel Bristol, calle de Londres número 38. Suyo siempre, Sebastián Limancia.

Mi corazón empezó a latir con fuerza, sentía la sangre subirme hasta la cara. Las horas se me fueron dándole vueltas al asunto pero hacia el medio día había tomado una decisión.

❖

Necesito salir de aquí le dije a la portera, tengo una cita muy importante. La buena mujer me miró sorprendida, a dónde podía yo ir en pleno día y así vestida. Y le pedí también que me entregara el dinero que Paco le había dejado para mi comida, lo cual también le pareció raro, pero obedeció.

Subida en un auto que ella consiguió, vi por primera vez la ciudad a la que me habían traído a vivir y de la que había oído decir que era muy grande y muy peligrosa. Me impresionó que por todas partes salían montones de vehículos y de gente. El hotel es muy cerca de aquí dijo el que manejaba, hasta podría irse a pie y llegar más rápido, sólo que con ese vestido sería difícil.

Mientras esperábamos detenidos en una esquina, vi que de los postes de luz colgaban enormes letreros que decían: Bienvenida Susan. Sentí entonces un gran amor por mi marido, que me había preparado tan hermoso recibimiento, sin que yo me hubiera dado cuenta porque sólo había visto fugazmente y de noche la ciudad. Y me conmovió que me llamara en inglés, como le gustaba hacerlo por aquello de que era diplomático. ¡Cómo me arrepentí de aceptar la invitación del pianista! así que le pedí al chofer que me llevara de vuelta a casa.

Cuando el hombre maniobraba para regresar, le pregunté si podría detenerse un momento para llevarme uno de esos hermosos letreros de recuerdo. Amable, se bajó y lo arrancó para mí. Y fue cuando lo tuve en mis manos que vi las letras pequeñitas: tidad Juan Pablo II. México lo recibe con cariño.

❖

Faltaban tres minutos para las cuatro cuando tímidamente toqué la puerta de la habitación número 318 del Gran Hotel Bristol. El pianista me esperaba enfundado en una bata de terciopelo verde oscuro y con una copa en la mano, cuyo contenido me obligó a beber de un trago. Qué hermoso detalle de tu parte venir con el mismo vestido con el que te conocí dijo. Y dijo: Sabía que eras romántica, lo vi en tus ojos anoche. Y sin más trámite, me empezó a besar las mejillas y las manos. Lo que sucede, expliqué yo mientras él se afanaba, es que me casé hace cuatro días y mi marido todavía no me ha hecho su mujer. Y yo no lo puedo hacer sola porque eso significaría atraer la mala suerte para siempre jamás. Por eso he venido, para que usted me quite este vestido que ya no soporto, pues según entendí, a fuerza tiene que ser un hombre el que lo haga.

La noticia de que le tendrían que cortar los dedos de la mano derecha y que nunca más podría volver a tocar el piano le habría impactado menos. Empezó a balbucear en contra de las supersticiones, de las mujeres estúpidas y de los maridos cornudos. Soy el pianista más grande del universo y el segundo mejor de la historia de la humanidad decía, no es posible que me sucedan estas cosas.

Y sin más, me echó del lugar.

❖

Una semana después, seguía yo con el vestido de novia. Ya hasta me había acostumbrado a él. Todas las noches mi marido caía dormido como un tronco y todas las mañanas se iba muy temprano dejando la nota. Y yo repetía cada día el rito de llenar el baño con vapor para planchar los tules y sedas y con agua fría refrescarme la cara, aunque ya a estas alturas todo el cuerpo me picaba y las orillas de la falda estaban grises. Por las tardes, después de que la portera me servía de comer, me sentaba en el balcón para ver las azoteas vecinas y el trajín de los demás. Me parecía que todos tenían una vida en este mundo, todos menos yo.

Hasta que no pude más y marqué el teléfono de mi casa. Me contestó el bueno de Fermín y le pedí hablar con mi padre. El viejo
se emocionó al oír mi voz, aunque por supuesto no lo dijo, jamás lo hacía. Yo dije: Papá, quiero regresar a la casa, aquí sufro
mucho, estoy sola, todo el tiempo lo paso encerrada en el departamento, no conozco a nadie, no tengo nada que hacer y Paco
está siempre fuera en su trabajo. Por favor, ven por mí.

Un silencio largo y pesado se hizo al otro lado de la línea. Luego se oyó la voz seria de mi padre: No mija, usted se
queda con su marido, nada de volver acá. Limpie la casa, pre-
pare la comida, planche la ropa, que para eso se casó. Yo insistí: Pero es que ni siquiera me ha hecho mujer. Esta vez la
respuesta fue rápida: Algo habrás hecho tú para que así sea, son
las hembras las que deben atraer a los machos, así que ponte a
componer lo descompuesto. Y no me vuelvas a llamar para
tonterías. Lo dijo y colgó.

Yo me quedé sin saber qué hacer. Entonces volví a mar-
car y pedí hablar con mi abuela. El bueno de Fermín me dijo
que la viejita y la nana se habían ido y nadie sabía dónde vivían. Dijo: Ay niña, usted sabe que el patrón y ella no se llevaban bien. Él sufría nomás de verla porque le recordaba a doña
Esperanza su mamá de usted, que Dios tenga en su gloria, así
que en yéndose la nieta, atrás salió la buena señora y nunca regresó. Entonces déjame hablar con alguno de mis hermanos su-
pliqué, a lo que me respondió: Ay niña, el joven Raúl ya se
regresó a la capital, ya sabe usted que a él no le gusta estar aquí,
pueblo mugroso en el que no pasa nada dice cada vez que viene, y el joven Pedro, pues como de costumbre pasa el día encerrado en su cuarto descifrando no sé qué extraños signos que
según él le manda su madre doña Esperanza, que Dios tenga
en su gloria, desde el más allá a donde se fue cuando usted
nació. Y de nada sirve tocar la puerta porque no le abre ni al
patrón. Pero si quiere le paso a la Pancha, es la única que anda

por acá. Y antes de que yo pudiera decir sí o no, la mujer ya había tomado el auricular y como era su costumbre, se soltó hablando como tarabilla: Qué gusto oírla señorita Susana, no me la imagino matrimoniada, lo importante de casarse es ser buena ama de casa, ni tiempo me dieron de enseñarle lo que debería saber, tanto consentimiento de su abuela y su nana la dejaron hecha una inútil, pero óigame bien, para que los cubiertos de plata no se pongan negros hay que limpiarlos con carbonato revuelto con jugo de limón y para que la ropa no se llene de humedad hay que meter en los armarios pastillas de jabón de manos y para que los plátanos no atraigan los moscos hay que lavarles bien la cáscara y para que los quesos no se sequen, hay que envolverlos en una gasa delgada mojada con agua fría...

❖

Esta vez fui yo la que colgó. Y para entonces, había perdido la tristeza y en su lugar me subía una rabia caliente como nunca había sentido. Me di cuenta de que la mala suerte que a toda costa quería evitar era precisamente lo que ya me estaba sucediendo, de modo que con las tijeras de la cocina yo misma me hice mujer: corté el vestido de novia, me lo arranqué de encima a tirones, me vestí con una falda y una blusa, tomé el dinero que Paco le había dejado a la portera y las llaves que estaban colgadas en un gancho atrás de la puerta y me fui.

❖

Cuando salí del edificio no tenía ni idea de para dónde caminar. Era una mañana soleada, y al llegar a la esquina vi que los coches estaban detenidos en largas filas que no se movían y que los conductores furiosos tocaban el claxon, insultaban y gritaban. Había familias enteras que pedían limosna, vendedores que ofrecían enormes paraguas de muchos colores, tan bonitos que si hubiera tenido suficiente dinero me habría comprado uno, y también muñecos de peluche, cachorros vivos, refrescos de limón y empanadas de piña, flores y chicles. Un hombre semidesnudo, apenas cubierto por un taparrabo, danzaba. El enorme penacho de plumas que llevaba en la cabeza se mantenía extrañamente firme mientras los pies brincaban y su ritmo se acompañaba de las sonajas que llevaba alrededor de los tobillos y las muñecas. Había dos payasos con la cara pintada y zapatos grandísimos con la punta levantada. Uno se subía sobre los hombros del otro y aventaba unos aros que daban vueltas en el aire antes de regresar a sus manos. El espectáculo era tan divertido que aplaudí entusiasmada, provocando la risa de todos los que estaban por allí.

Caminé sin rumbo entre el humo de los camiones, las sirenas de las ambulancias, los altavoces de las patrullas que pretendían dirigir el tráfico y los radios a todo volumen que se oían en casas y tiendas. Salté por encima de baches y coladeras abiertas, di vuelta alrededor de autos estacionados en tres filas, brinqué charcos, banquetas levantadas, árboles a medio caer, mierda de perro, bolsas vacías, cascos rotos, envolturas, escupitajos y colillas. Y sufrí tratando de atravesar las calles, porque los autos jamás se detenían.

Por las ganas de orinar, pedí permiso en un restorán para usar el baño. Lo siento, pero es sólo para clientes, si se pudiera con mucho gusto, respondió el encargado. Entré entonces a una tienda y pregunté, como me había enseñado mi abuela, si tenían un tocador que pudieran facilitarme. A sus órdenes señorita me dijo el vendedor, estoy para lo que se le ofrezca. Intenté en el supermercado, pero en la puerta había un letrero que me asustó: Evite ser asaltado, no se detenga aquí. Quise entonces pasar al cine, pero la señora de la taquilla me advirtió: Todos pagan boleto para entrar, hasta las escoltas, aunque vengan armadas.

Como no sabía qué hacer, me subí al primer autobús que pasó. Nunca había viajado en uno y me impresionó que el piso estuviera tan sucio y el único asiento vacío rajado y con el relleno salido. Tuve que quedarme de pie y detenerme del tubo que atravesaba a lo largo del techo pero así y todo, cada vez que el chofer frenaba o arrancaba, salía yo disparada hasta caer encima de alguien a quien tenía que pedir disculpas. Por fin se desocupó un lugar, pero no bien me había sentado, cuando me di cuenta de que había desaparecido mi reloj de pulso, el magnífico regalo de bodas de mi padre.

Debí imaginarlo. Una y otra vez había oído lo que era esta ciudad y ahora me sucedía a mí. En un arranque de valentía salida de no sé qué profundidades, me volteé y le dije al señor que iba sentado al lado mío: Voy a abrir mi bolso y usted va a echar allí dentro el reloj sin decir ni una palabra ni hacer ningún ruido ¿entiende? El hombre obedeció. Y cuando la prenda cayó dentro, me bajé en la siguiente parada. Lo había logrado y de hoy en adelante sería más cuidadosa.

En el puesto de una esquina muy transitada compré una manzana, mi fruta preferida por la que siempre había sido capaz de caer en los chantajes de mis hermanos. En el carril central de una vía de alta velocidad compré un refresco de cola, mi bebida favorita, por la que tantas veces tuve que rogarle a mi abuela. Luego, como ya me había descubierto valiente, entré en una estación del metro y compré un boleto para conocer el tren del que tanto me había hablado don Lacho mi padrino. Pero nunca logré subirme, pues cada vez que las puertas se abrían, un montón de gente se me aventaba encima sin darme oportunidad de pasar.

Cuando empezó a oscurecer me dio miedo. Decidí entonces regresar a mi casa y dejar mi fuga para mejor ocasión.

❖

El problema es que no tenía la menor idea de dónde vivía ni de cómo se podía llegar allí. Estaba parada pensando qué hacer, cuando se detuvo frente a mí un auto y el chofer me dijo: ¿La llevo señorita? Agradecida me subí y le expliqué que no sabía mi dirección, pero que si me llevaba al Gran Hotel Bristol ya estaríamos cerca y sería más fácil buscar.

Habíamos avanzado apenas unas cuadras cuando dos jóvenes abordaron el auto. Me taparon la boca y me pusieron una navaja en la garganta. Me arrancaron la bolsa, la argolla matrimonial que apenas hacía unos cuántos días que ocupaba mi dedo y la cadenita de oro con un relicario, regalo de la abuela, que desde que cumplí catorce años colgaba de mi cuello y en la que guardaba mi primer diente de leche que se me cayó a los seis y unos cabellos de mi trenza, cortados dos meses antes de cumplir los trece, el día de mi primera menstruación.

Durante largo rato dimos vueltas por las calles. Una y otra vez me insultaban y preguntaban dónde estaba mi tarjeta de crédito y cuál era el número confidencial, pero yo estaba paralizada y no podía contestar. Y aunque hubiera podido, no tenía idea de qué era eso.

De repente otro auto se les adelantó. El chofer se puso furioso y se lanzó a toda velocidad para perseguir al que ahora llamaba el enemigo. Se subía a las banquetas sin mirar si había vehículos estacionados o peatones y se pasaba los altos. Hasta que perdió el control y nos fuimos a estrellar contra una pared, tan fuerte que hasta la navaja se soltó de la mano del que me amenazaba. Antes de que nos recuperáramos, ya habían llegado las patrullas.

En una subieron al chofer que sangraba profusamente por la nariz y en otra a mí. A los muchachos los dejaron ir.

Ellos tienen mi reloj y mi relicario les dije a los patrulleros con la voz entrecortada. Pues ya ni modo contestaron, no los detuvimos porque no parecían asaltantes, se veían buenas personas. Luego se ofrecieron a llevarme a mi casa, si les daba una propina.

Anduvimos mucho rato dando vueltas por los alrededores del Gran Hotel Bristol sin encontrar el edificio, hasta que en una de esas vimos al portero, que regresaba de su acostumbrada borrachera de todas las tardes ¡el susto que se pegó cuando la patrulla se detuvo y le pidió que subiera!

Cuando por fin llegamos, yo no tenía llaves para abrir, pues se habían ido con todo y bolsa. Será necesario buscar a un cerrajero para forzar la chapa del departamento dijo uno de los patrulleros. No se preocupe respondió el ya para entonces sobrio encargado, con un alambrito yo mismo puedo abrir, en esta vida cualquier cosa se arregla con un alambrito. Y dicho y hecho, en un santiamén las tres cerraduras importadas en las que mi marido había invertido miles de pesos y de las que tanto se vanagloriaba, cedieron con facilidad y pude entrar a mi hogar.

Tres cosas me llamaron la atención: la primera, que la cama estaba tal y como la había yo dejado al levantarme y por lo tanto, nadie se había dado cuenta de mi desaparición. La segunda, que encima de la almohada esperaba la consabida nota que yo no había visto cuando me fui: Salgo tres días de viaje, acompaño al Secretario. Aprovecha para descansar. Besos, Paco. Y la tercera, que sobre la cómoda estaba mi reloj de pulso, el magnífico regalo de bodas de mi padre. Por lo visto había olvidado ponérmelo, y luego había olvidado que lo había olvidado.

❖

Esa noche la pasé muy mal. Me había convertido en ladrona, que según la nana, era lo peor que podía existir. El infierno asegurado decía, sin perdón posible. Pero en la madrugada, lo que me acosaba ya era el robo que me habían hecho a mí. Mi imaginación estaba desatada: me veía llevando escondida una pistola en el sostén, de esas con la cacha brillante de concha nácar, igualita a la que el tío Luis le había regalado a la tía Antonia, y cuando se me acercaban los asaltantes yo la sacaba rápidamente y les disparaba a quemarropa. Pero no se morían y en cambio se ponían a burlarse de mí y de mi arma tan ridícula.

Entonces yo soltaba muchas balas hasta que conseguía matarlos, pero luego me entraba el remordimiento al ver sus ojos enormemente abiertos y la sangre escurriendo por los agujeros.

❖

Dos días me tomó decidirlo: esta vez me iría de verdad y muy lejos, a donde ni Paco ni nadie me pudiera encontrar jamás.

Le vendí al portero el magnífico reloj y en un taxi que pidió por teléfono, me fui a la terminal. Allí compré un boleto para el siguiente camión, cualquiera que fuera su destino. Y así fui a dar a Oaxaca.

Cuando llegué a esa ciudad, después de muchas horas de carretera, pregunté por el jardín, caminé hasta allá y me senté en una banca, debajo de los árboles frondosos. Sentía el miedo encajado en la boca del estómago y tenía hambre y frío, pero al paso de las horas y conforme el calor se hacía más intenso y la plaza se llenaba de indios que vendían mercancías y de turistas que las compraban, me fui tranquilizando.

A eso de las siete refrescó. Montones de pájaros cantaban despidiendo el día. Un pesado cansancio me ablandaba los músculos, pero no me movía de allí pues no sabía a dónde ir.

Junto a mí se sentó un joven de aspecto agradable que vestía camisa de franela y pantalón de mezclilla. Empezamos a hablar. Me contó que era artista y que participaba en una reunión de becarios del gobierno que debían presentar los resultados de su trabajo. Yo a mi vez le platiqué que había huido de mi casa, que no conocía a nadie en la ciudad y que tenía hambre. Entonces dijo: Vente conmigo, te compro café con leche y pan dulce en los portales.

Después de comer, mi nuevo amigo me invitó a su hotel y yo acepté porque no tenía dónde pasar la noche. Tuvimos que entrar escondiéndonos del encargado de la recepción que dormitaba debajo de un letrero que advertía: No se aceptan visitas a las habitaciones de los huéspedes. Seguimos por un pasillo oscuro, subimos tres pisos por unas escaleras también oscuras y nos detuvimos frente a una puerta de madera, que cedió apenas la tocamos. ¡Cuál no sería mi sorpresa cuando me encontré con un montón de muchachos que bebían, fumaban y escuchaban música! Apenas me vieron, empezaron a aplaudir a gritar a rugir a aullar. ¡Que baile! se oyó una voz ¡que baile! ¡que baile! empezaron a corear los demás. Una mano me empujó al centro del cuarto donde me quedé parada sin saber qué hacer. Nunca había visto a tantos hombres juntos y yo allí solita en medio de todos sin saber bailar.

No sé por qué, pero empecé a temblar. No te hagas dijo uno, si a las viejas esto les encanta. Y mientras lo decía se me acercaba con su fuerte olor a sudor y tabaco que hasta me hizo voltear la cara. Alguien me dio un bofetón que me aturdió y alguien me arrancó la ropa. Luego me tiraron al piso y se me fueron encima. Por acá este mordía, por allá aquel apretaba, uno jalaba, el otro rasguñaba. Sentí que me abrieron las piernas y me metieron algo que me causó dolor. Traté de gritar pero de mi garganta no salió ni un sonido. Oí a mi amigo cuando les dijo que no fueran mandados ¿no ven que la están lastimando? A ti que te importa le contestó un gordo con camisa de cuadros, ni que fuera tu hermana para tantas consideraciones.

Lo último que recuerdo es que del techo colgaba una lámpara de cartón grueso en color verde claro.

❖

Cuando abrí los ojos no sabía dónde estaba ni qué había pasado. En el piso y en la cama dormían hombres a medio vestir. Yo estaba desnuda y no sentía mi cuerpo. Pero si trataba de moverme me dolía todo, hasta respirar. Estaba llena de moretones y heridas, de mordidas y rasguños, de sangre seca. Las tetas me ardían y el vientre me quemaba.

Allá al fondo, lejísimos, se veía una puerta de madera. Haciendo un esfuerzo descomunal me levanté y caminé hacia ella, la abrí despacio y salí.

Iba por el pasillo oscuro, cuando encontré a una mujer. O mejor dicho, ella me encontró a mí. Y fue tal su cara de susto, que no pude sino obedecerla cuando se soltó a hablar con un pesado acento extranjero y me jaló a su cuarto. Decía: Quién te dejó así pobrecita. No me digas que fueron esos cabrones, hijos de su madre. Y decía: Quieren ser los grandes artistas, los magníficos creadores, pero no pueden ser ni humanos. Y decía: Pero las van a pagar, te juro que las van a pagar.

Mientras balbuceaba todo eso, me ponía toallas frías en la frente y calientes en los pies, me untaba alcohol en las heridas y crema en los rasguños, me daba agua fresca para beber y me vestía con unos pantalones y una camiseta que me quedaban enormes. Pobrecita, pobrecita, repetía. Salen de su casa y enloquecen hijos de su madre. Decía: Me dejo de llamar Francis y dejo de ser feminista si no la pagan.

Por fin, me metió los pies en unas chanclas de hule y me arrastró hasta la calle, donde el sol pegaba duro y lastimaba los ojos. Caminamos varias cuadras, yo atrás de la desconocida, haciendo un esfuerzo porque a cada paso sentía que se me partía el vientre.

Cuando llegamos a la delegación de policía y nada más entrar, la mujer empezó a gritar: Vengo a levantar un acta por violación tumultuaria, sé exactamente quiénes son los responsables, deben arrestarlos ahora mismo, miren nada más cómo dejaron a esta niña. Pero los policías no parecían impresionarse con sus palabras y manoteos. Uno que escribía en un gran cuaderno me miró fijamente y dijo: Señorita, ¿ratifica usted lo que afirma esta señora? ¿ratifica usted que fue violada por los señores fulano, mengano y perengano? Yo me quedé callada, no sabía qué decir. Si usted no dice nada no podemos levantar el acta me explicaba el hombre, mientras la mujer que me había llevado insistía: No ve cómo está toda golpeada, no ve que está en shock y por eso ni habla.

En eso estábamos, cuando como bólido entró una mujer chaparra y regordeta, con el cabello teñido de rubio y muy maquillada. Y se le fue encima a la tal Francis. Decía: Esta hija de su pelona no tiene permiso para manejar a las putas y lo hace clandestinamente. Yo hago publicidad, pago multas, doy mordidas a los policías, a los inspectores, a los jueces y a los médicos para que me den cartillas de salud, les compro ropa a las muchachas y hasta les pago el entierro si alguna tiene la mala suerte de morirse y en cambio ésta ejerce sin pagar. Eso no se vale. Usted está loca respondió la aludida, yo no tengo nada que ver con putas, yo vine aquí para defender a esta muchacha atacada por unos salvajes.

Se armó un jaleo espantoso. Una gritaba que no y la otra que sí y las dos se arrancaban los pelos y se daban cachetadas y los policías las trataban de separar pero no podían. Y mientras, el de la cara gris, con la voz también gris decía: A usted extranjera la acuso de secuestrar a una menor y de incitarla a la prostitución. Y decía: La acuso de lenocinio. Y como si estuviera encantado con la palabreja la repetía y saboreaba: Sí, de lenocinio.

Y como a mí nadie me hacía caso, pues me largué.

❖

El chofer del camión me dejó viajar sin pagar. A lo mejor se conmovió de verme con esa ropa tan grande, las chanclas de hule desgastadas, los pelos desgreñados y los arañazos en los brazos y la cara.

Me acomodé en un asiento de atrás, lejos de la gente, para que nadie me viera y sobre todo, que nadie me oliera en ese estado. Pero al rato se sentó junto a mí una señora ya mayor, con su vestido de flores, su mandil y el cabello canoso recogido con una liga. Sobre las piernas cargaba un canasto que se veía bastante pesado. Apenas arrancamos, sacó un envoltorio y empezó a comerse una torta con tanto apetito, que no le pude quitar los ojos de encima. Toma dijo y me ofreció la mitad. Era de queso de puerco y fue el mejor manjar que había comido en mi vida.

La noche estaba oscurísima. Íbamos por la carretera sin ver nada. La mujer me empezó a contar de sus enfermedades, de que esto le dolía, de que aquello le aquejaba, de las medicinas que le recomendaban siempre tan caras, de los hospitales del gobierno que no ayudaban a los pobres y de los doctores que no la podían aliviar. Luego me preguntó de mí. Voy a la capital a buscar trabajo dije. Ya no le conté que estaba sola en el mundo, eso me lo callé. Ella se quedó un rato pensativa y luego dijo: Yo necesito ayuda con mi puesto de quesadillas, ya no doy para atenderlo. Y dijo: Si quieres, la paga no es mucha pero te ofrezco casa y comida.

Nos bajamos del camión antes de llegar a la terminal y caminamos por calles estrechas y oscuras que se enredaban alrededor del muro de un panteón. Yo apenas si podía moverme. La mujer dijo: Los muertos dan miedo, sobre todo de noche, pero no hacen nada, ya te acostumbrarás. Lo que la buena señora no sabía era que mi dificultad no se debía al temor por los enterrados sino al dolor que me habían causado los vivos.

❖

Doña Luisa ocupaba el piso de abajo de un edificio viejo y descascarado. Era un departamento muy pequeño, arreglado con sus cortinas de algodón, una mesa con mantel de plástico y su altar al sagrado corazón. Vivía allí con su hijo, un muchacho de diecisiete años que llegaba tarde en la noche y que contestaba con monosílabos a las preguntas de su madre. Según ella, era así porque siempre estaba cansado pues trabajaba en una fábrica de pantalones y tenía dos turnos, pero según me dirían después las vecinas, lo que sucedía es que andaba metido con una pandilla que se desvelaba cometiendo fechorías. ¿No ves las cosas que le regala a su mamá? insistiría la seño Lupe, la de la casa de enfrente, cuidando siempre que no la oyera la doña que se ponía como fiera para defender a su cachorro, ¿Para qué le sirven a la pobre de Luisa una mascada de seda o unos lentes oscuros con aros de carey? Son puras cosas de rica que le roban a las señoras que vienen al panteón de los muertos judíos.

A mí me acomodó en un rincón junto a la cocina. Me puso un catre con dos cobijas y me dio una caja de cartón en la que había ropas de mujer. Es que también tuve una hija dijo, pero se huyó con un fulano y para cuando la devolvió ya venía cargada, por eso no la recibí. No estoy para esas cosas, somos pobres pero decentes, así que la doy por fallecida y tu puedes usar lo que ella dejó.

De día, ayudaba yo en los quehaceres de la casa y acompañaba a la señora al mercado, y cuando anochecía, sacábamos el anafre para las quesadillas de papa, flor y picadillo. Era mucho trabajo y nos cansábamos bastante. Pero ni así podía dormir. Apenas me acostaba, empezaban las pesadillas. Veía al gordo aquel que se me venía encima y no me dejaba respirar, veía una cama que se prendía y las llamas que me envolvían, veía una puerta enorme de madera que estaba lejísimos y cuando después de mucho esfuerzo lograba arrastrarme hasta ella, ya se había hecho tan pequeña que mi cuerpo no cabía para cruzar al otro lado. Una vez soñé que la extranjera del hotel me metía en una caja de pizza y me entregaba a un domicilio donde vivían unos perros enormes que me lamían toda con sus lenguas rasposas. Me despertaba bañada en sudor y gritando. Y al día siguiente andaba como descuadrada, perdiendo el equilibrio.

❖

Una mañana, mientras hacía la limpieza, vomité. De mi estómago salió un líquido verde y pastoso que según la señora Luisa era la leche que había mamado en mi infancia, cuajada por la bilis de los corajes y los sustos. Y una tarde, de regreso de las compras, de plano me desmayé.

Con la ayuda de doña Lupe, me llevaron con la comadre que me operó. Me metió en un cuartucho atrás de su casa, me acostó en una cama alta y angosta, me puso una inyección fría y no supe más de mí. Cuando desperté dijo: En la noche te quitas la gasa y te lavas con agua hervida tibia. Por si las dudas mejor tómate un antibiótico, no sea que esto se vaya a infectar.

Muchos días estuve mal. Sangraba demasiado y me sentía débil y triste. Doña Luisa me cuidó como la madre que no tuve y como la abuela que adoré. No me dejó levantarme de la cama, se ocupó de hacerme las curaciones y de darme las pastillas, me preparó de comer sopa aguada y sopa seca, guisados y postres, me obligó a dormir mucho y convidó a las vecinas para que me distrajeran con sus historias. Y lo mejor: nunca me hizo preguntas.

❖

Apenas me sentí bien, regresé a atender el puesto de las quesadillas porque la pobre señora no podía sola con él. Había montones de clientes, más en la temporada que no llovía ni hacía frío y todo mundo andaba en la calle hasta bien tarde.

Un sábado me fijé que la camioneta que repartía el refresco traía un anuncio enorme: Por 10 tapas y 10 pesos te damos un yoyo. Tanto se me antojó el juguetito, que a las dos semanas ya me había hecho de él y empecé a pasar mis ratos libres aprendiendo a subirlo y a bajarlo por su largo hilo blanco y a hacer las suertes, que el columpio, que la hamaca, que la vuelta al mundo. La señora Luisa decía que yo era la mujer que no tuvo infancia y yo le contestaba que sí la tuve pero que con mi abuela todo era comportarse como una señorita fina, sentarse derecha, hablar bonito y practicar el piano, nada de perder el tiempo en juegos. El marido de doña Lupe era como mi viejita y decía que si ya iba yo a esforzarme por aprender, que por lo menos fuera algo que valiera la pena.

Pero a mí me encantaba eso del yoyo. Y me salía muy bien, mejor que a los demás chamacos del rumbo. Así que seguí practicando y cuando nos avisaron del concurso, pues me presenté. Gané el de la cuadra, el de la colonia y el de la delegación y luego me fui al zócalo para la gran final.

Era domingo. En la enorme plaza de piedra gris, había montones de gente y un sol que caía a plomo sobre las cabezas. Allí estuvimos mucho rato, los concursantes haciendo una y otra vez lo que sabíamos hacer mientras el público aplaudía y cinco señores cómodamente sentados bajo un toldo iban descartando a los perdedores. La gente del barrio me echaba porras y les silbaba duro a los demás.

Quedé en tercer lugar de los sesenta que éramos. Nos hicieron subir a una tarima y allí repartieron los premios: quinientas bolsas de papas fritas y quinientos refrescos de cola para el ganador, mil bolsas de papas fritas y mil refrescos de cola para el segundo lugar, mil quinientas bolsas de papas fritas y mil quinientos refrescos de cola para mí.

❖

Llevarse el premio a la casa fue de lo más divertido. Entre todos los vecinos me ayudaron. Nos subimos a cuatro camiones cargando el montón de papas y de refrescos. Le convidamos al chofer y a los demás pasajeros y nosotros nos dimos un atascón del que la mayoría salieron enfermos. Y de todos modos sobró mucho. Así que lo acomodé en la azotea, bien envuelto en plásticos gruesos que me regalaron las comadres de doña Luisa. Te vas a morir si te comes toda esta sal y toda esa azúcar me dijo la señora, mejor véndelos. Pero eso no se podía porque en las bolsas y en las latas había unas enormes letras: Mercancía de exhibición, Prohibida su venta. Y otras más chiquitas: A quien se sorprenda traficando con este producto se le aplicará todo el rigor de la ley.

❖

Un jueves el Julián llegó temprano, cuando estábamos comiendo. Venía muy nervioso. Y lo que nos sorprendió es que él, que nunca hablaba, esa vez dijo: Oiga madre, necesito que llame a la tía Eduarda para pedirle que me reciba en su casa, porque me voy al otro lado. No quiso contestar a ninguna de las preguntas que le hizo doña Luisa y se encerró a piedra y lodo en el retrete.

La señora se puso alteradísima, cómo que irse decía y luego tan lejos decía y yo qué voy a hacer sin él decía. Debe estar enamorado inventé yo con tal de calmarla, así se ponen los jóvenes cuando les pega la pasión y a lo mejor la fulana no le hace caso, por eso le dio por irse, no se preocupe doña, ya se le pasará.

Dos días enteros se quedó el muchacho sin salir para nada. Andaba como león enjaulado, no comía y apenas si dormía. Lo único que hacía era oír las noticias, pegado al televisor y al radio, como si su vida dependiera de algo que dijeran allí. Y al tercer día se fue sin despedirse.

Doña Luisa quedó tan nerviosa que se puso a esculcar entre sus cosas para ver si hallaba alguna pista. Qué comes que adivinas me dijo esa tarde. Mira, encontré este collar, parece de oro. Era una cadena gruesa de la que pendía un corazón que se abría. Adentro guardaba la fotografía de una muchacha muy joven y sonriente y llevaba grabado el nombre de Paulina. Ya ve que todo es cosa de amores dije, aunque las dos nos quedamos pensando de dónde había sacado el muchacho para comprar esa joya tan cara.

Unos días después vinieron las vecinas a merendar. Estábamos en los tamales cuando en la tele salió la jovencita del collar. Era la hija del dueño de la fabrica de pantalones donde trabajaba el Julián, tenía catorce años y había desaparecido a la salida de la escuela.

La noche siguiente en el noticiero anunciaron que la habían encontrado. Apareció tirada en un parque, golpeada, violada, torturada y asesinada. En las imágenes se veía su mochila rota, los cuadernos desperdigados y el suéter del uniforme hecho jirones.

Unos días después fuimos nosotras a merendar con las vecinas. Estábamos en el pozole cuando en la tele salió el Julián. Lo habían agarrado, con otros dos, cuando trataban de cruzar al otro lado y ya habían confesado.

La noche siguiente, saqué el anafre yo solita porque doña Luisa salió sin decir a dónde. Pero las vecinas me vinieron a llamar: Está en la tele ella también. Y lo que vi no lo pude creer: era la señora defendiendo a su hijo, pidiéndole a los padres de la muchacha que lo perdonen, al fin que ni castigándolo la pueden ya revivir decía y asegurándole al juez que el Julián era una buena persona que había cometido un error por la mala influencia de sus amigos. Déjenlo salir rogaba, dénle una oportunidad, quién quita y se casa y hasta me da nietos, qué caray.

❖

La ahijada de la señora Luisa era más o menos de mi edad y trabajaba en la casa del Presidente de la República. Ganaba buen dinero aunque casi no tenía tiempo para gastarlo porque sólo salía un domingo cada quince días. Fue ella la que me dijo: Están buscando ayuda, vente conmigo.

Y yo fui.

Querían que cuidara las flores que le mandaban de regalo a la Primera Dama, pero yo no sabía de eso. En este país nadie sabe nada de la chamba que hace dijo mi amiga, todos agarran lo que se puede y luego van aprendiendo sobre la marcha. Y dijo: Ni que fueras gringa o francesa para saber las cosas antes de hacerlas.

El trabajo era pesado, porque todos los días llegaban muchísimos arreglos. Yo los acomodaba en las escaleras y cuando ya no cabían, usaba los pasillos, las mesas y terrazas, las oficinas y hasta los baños. Había que regarlos, quitar las flores que se marchitaban, pasar para atrás los más viejos y poner hasta adelante los nuevos, cambiarles el agua, echarles su aspirina y sus hielos para que duren, limpiar las hojas con un algodón empapado en leche para que brillen y guardar los enormes moños para la niña de la casa porque los coleccionaba. Todos venían con hermosas tarjetas y dedicatorias, de parte de personas, empresas, instituciones y organizaciones diversas y hasta los había del extranjero.

Por las noches caía yo rendida, con las manos llenas de cortaduras y heridas de espina, la cintura adolorida, el estómago revuelto por el olor a dulce o a podrido, las yemas de los dedos teñidas de verde o amarillo. Pero me gustaba eso de trabajar y recibir mi paga y así se lo dije a mi amiga, que me miró incrédula: No digas tonterías, que el trabajo es lo peor que existe y lo hacemos porque no nos queda remedio. Ni que fueras alemana o japonesa para que te guste eso de trabajar, no inventes. Tú hazte la tonta y ve llevando el asunto, nomás lo suficiente para que no te corran, pero no te lo tomes en serio. Nadie se lo toma en serio, ni aquí ni en ninguna parte de este país.

❖

Un día pasó por allí la Primera Dama y me saludó. Ya seguía de frente, cuando se detuvo y dijo: Oiga ¿podría subir a ayudarme? La encargada de mi guardarropa tuvo una emergencia y no va a venir varias semanas, justamente cuando está por llegar el presidente norteamericano con su esposa y tenemos que asistir a muchos actos oficiales.

Fue así como entré al recinto privado de la residencia oficial. Y fue así como en lugar de cuidar claveles y rosas, nardos y gardenias, gladiolas y azucenas, mis manos cosieron botones, plancharon faldas, arreglaron dobladillos, lavaron medias, limpiaron zapatos y acomodaron camisones.

La Señora Presidenta era una mujer muy hogareña. Lo que más le gustaba era quedarse en su casa a cuidar a su hija. Cumplía con los compromisos que el cargo de su marido le imponía, pero a leguas se veía que no los disfrutaba. Decía: Las nujeres deben dedicarse a su familia. Son los maridos los que deben trabajar y mantenerlas. Y decía: No debes prestar oídos a lo que dicen las feministas y los grupos en favor de los derechos humanos.

Como la pobre no tenía a nadie con quien hablar, pues le dio por hacerlo conmigo. Me contaba de su infancia y de sus padres, de las muchas personas y lugares que había conocido, y sobre todo, hizo por convencerme de que su marido era el mejor presidente que había tenido México. Decía: Es un hombre que ama a su patria y se sacrifica por ella. Ha resuelto los problemas más graves, cualquiera que lo desee puede tener empleo, los que no trabajan es por que no quieren, por flojos. Ha aumentado mucho el acceso a la educación y a la salud y la economía está de lo más sólida. A mí ni me iba ni me venía su discurso, ni tampoco si el dicho señor hacía, decía o tornaba, pero ella insistía en explicarme. En una ocasión hasta me aseguró que una visita del mandatario había hecho llover en un lugar donde hacía meses que había sequía. A mí eso me dio risa y le dije: Pues ni que su marido fuera un santo. Entonces se molestó y me contestó que debía yo de dejar de prestar oídos a lo que decían las organizaciones no gubernamentales, los intelectuales y los partidos de la oposición.

Poco a poco nos hicimos amigas. La empecé a acompañar, que a la reunión del Instituto para la Niñez, que a la colecta anual del Hospital Militar. Luego hasta me mandó a representarla en actos públicos como la Semana Nacional de Vacunación y el Día Nacional del Enfermo Terminal. Yo por mi parte, aprendí lo que había que saber: a acariciar a los niños y a las viejitas, a sonreír y a callar.

❖

Al Presidente de la República lo conocí un martes en la mañana. La señora me llevó para que le ayudara a cuidarlo pues el hombre estaba muy enfermo y había que asegurarse de que nadie se enterara, ya que el país se puede agitar y la bolsa de valores derrumbar si se sabe la verdad dijo.

Aunque lo había visto muchas veces en la televisión, no lo reconocí. ¿Dónde estaba aquel hombre bien parecido, arrogante y seguro de sí mismo que se presentaba ante los ciudadanos? Definitivamente no en la cama de la casa presidencial. Allí lo que había era un enanito enclenque y enfermo, quejoso y arrugado. El Señor que mandaba en el Palacio Nacional estaba en cambio sobre una silla, donde yacían las hombreras que le hacían ver ancho de espalda y la faja que le desaparecía el vientre, el elegante traje de marca italiana que le daba un aire de altivez y los finos zapatos con tacón oculto que le aumentaban la estatura. Y la camisa de color oscuro que le hacía parecer atlético. Y los lentes de contacto que le ponían los ojos de color más intenso. Y el peluquín que le engrosaba el cabello. Y la pintura del bigote que le hacía verse juvenil. Y los dientes postizos que le permitían sonreír como artista de cine. Y el maquillaje que le daba a su rostro ese tono bronceado y descansado. Y el viagra, el ginseng, las vitaminas C y E, las inyecciones de pollo y cerdo, las ampolletas de colágeno, todo lo que le daba energía, vitalidad y aplomo. Y los audífonos por donde le dictaban los discursos que parecían salir de su memoria y el potente pero minúsculo micrófono gracias al cual su voz se oía clara y firme.

Cuando la Primera Dama se dio cuenta de mi estupefacción, me corrió de la habitación y decidió que ella sola cuidaría a su marido.

❖

Un día la señora me llamó. Quería hablar conmigo. Faltan seis meses para que termine el mandato de mi esposo dijo y es hora de protegerte para el futuro. Y dijo: Está de moda que a los ex presidentes los traten muy mal y de paso, a quienes fueron sus colaboradores cercanos. Así que voy a dejarte bien acomodada para que no tengas problemas. Y dijo: Te vas a casar. Tu marido será Antonio José Luján Vargas, secretario particular del presidente. Es un buen muchacho, serio y cumplido, lo conozco desde hace tiempo. La suya es una familia de buena posición y muy creyente, fue el único varón entre cuatro mujeres, su madre quedó viuda y se dedicó a él en cuerpo y alma. Estudió derecho en una universidad privada y luego hizo un posgrado en administración gubernamental en Estados Unidos. Mi marido se lo trajo al gobierno desde que era asesor del subsecretario y lo arrastró consigo en su ascenso. Y por fin dijo: Me encargaré de arreglarlo todo.

❖

Fue así como me casé por segunda vez, aunque sólo yo y nadie más sabía que había existido una primera.

Esta boda no fue como la anterior, en la que mi padre había echado la casa por la ventana para agasajar a sus amigos sacrificando no sé cuántos puercos y borregos, sino una ceremonia sencilla, a la que sólo asistió la familia del novio, algunos compañeros de trabajo y nuestros jefes.

La Primera Dama le pidió a su costurera que me hiciera el vestido de una fina tela de lino color marfil que ella misma escogió. Y llamó a los del laboratorio para que nos sacaran sangre para los análisis prenupciales, a los del juzgado para que nos hicieran los trámites, al juez del Registro Civil para que nos casara y al Arzobispo Primado que era su amigo personal y sólo por eso aceptaba ir a la Residencia Oficial a la que de otra manera nunca era invitado por aquello de que en este país la iglesia y el gobierno no se llevan, para que nos diera su bendición, aunque por supuesto sin misa ni rezo, no se fuera alguien a enterar y se armara un lío. Y trajo a los fotógrafos que nos hicieron posar en la escalera donde se acomodaban los arreglos florales, que ya para entonces, desde que se había nombrado al sucesor, eran tan escasos que apenas si ocupaban algunos escalones. Después de la ceremonia sirvió champaña para el brindis y me ofreció recorrer las bodegas donde se guardaban los regalos que les habían enviado durante su mandato, para que escogiera lo que quisiera llevarme a mi nuevo hogar antes de que la Contraloría de los Bienes Nacionales hiciera el inventario. Por si todo esto no fuera suficiente, me obsequió un auto, el primero y único que tuve en mi vida, del que pagó el enganche, el seguro y el curso para aprender a manejar.

❖

La tarde de nuestro matrimonio mi marido se la tomó libre, no por su voluntad sino por instrucciones del presidente. Y también, siguiendo sus órdenes, me llevó a un restorán, a donde estuvimos solos por primera vez.

Allí me enteré de algunos detalles sobre su persona. No me llamo Antonio José dijo en cuanto nos sentamos, sino José Antonio, la Primera Dama se equivocó. Lo que pasa es que a ella le encantan las telenovelas y cuando alguien tiene un nombre compuesto, quiere que suene como el de los galanes, que por alguna extraña razón va siempre al revés de los que usa la gente normal. Mi nombre completo es José Antonio del Amado Corazón de Jesús y por favor, no se te ocurra usar diminutivos, no soy Toño ni Pepe ni Cariño ni Viejo ni nada de esas tonterías que a la gente le gustan. Además, tampoco me apellido Luján Vargas sino Reyes Luján, no sé de dónde la Presidenta sacó lo otro y yo no me atreví a corregirle. Tú eres la señora de Reyes Luján, apréndetelo bien. Y luego dijo: Por lo que se refiere a tu nombre y a tus apellidos no me interesan, ya ni siquiera recuerdo cuáles eran cuando el juez los leyó, yo te llamaré mujer, les presento a mi mujer, pregúntenle a mi mujer, mujer baja por favor, mujer apúrate ¿está claro?

Lo único que se me ocurrió contestar frente a esa andanada de advertencias fue: Menos mal que la doña asegura que te conoce bien. No seas irónica, la mala leche no me gusta, respondió muy serio.

Yo nunca había ido a un restorán. En casa de mi padre había dos cocineras que preparaban todo, así que siempre comimos allí. Por eso cuando me dieron el menú no supe qué hacer y pedí una leche malteada, que era la bebida favorita de mis hermanos cuando los traían a la capital y me la presumían hasta hacerme llorar de envidia. Pero José Antonio se puso pálido y de la cocina salió un hombre vestido de blanco, con un enorme gorro en la cabeza, que se vino derechito a nuestra mesa para reclamar lo que llamaba un atentado a su magnífico lugar que según decía, era el mejor sitio francés de la ciudad. Mi marido se disculpó, le aseguró que era una broma y se ocupó de pedir por los dos. Luego se tomó un largo tiempo para explicarme cada uno de los platillos, en qué combinaciones se los debía pedir y con qué tipo de vino se los debía acompañar. Y dijo: Debes saber todo esto muy bien porque yo quiero una mujer sofisticada, de mundo, no una provinciana. Así que durante muchas horas permanecimos en la mesa probando esto y aquello, bebiendo aquello y esto.

Tanto me gustó el restorán, que le pedí a José Antonio que me llevara siempre a comer allí, pero él me respondió que eso era imposible pues su madre consideraba que un hogar es un lugar donde se cocina y se come y los restoranes nada más son para las reuniones de negocios. Y dijo: Has de saber que a mi madre yo la obedezco en todo y que aunque a ella no le gustó la idea de este matrimonio con una mujer sin nombre ni familia ni recursos, aceptó porque lo ordenaba el presidente a quien le debo mi trabajo. Ella dice que obedecer a los superiores es una inversión que se hace hoy para ganar dividendos mañana.

❖

Ya había oscurecido cuando llegamos a nuestra casa. Estaba en una zona de enormes residencias y lucía muy bien puesta. Tenía dos pisos, uno para la sala y el comedor y otro para las recámaras, cada una con su baño. En la parte de atrás había un amplio jardín con alberca. José Antonio dijo: Aquí he vivido desde que nací. Por nuestro matrimonio, mi madre se mudó a casa de una de mis hermanas. Yo no quería que se fuera, pero ella asegura que eso es lo mejor pues no puede haber dos patronas en un hogar. Espero que sepas valorar su sacrificio y ocupes con dignidad el sitio que amablemente dejó para ti.

Después de presentarme a la servidumbre que me recibió con impecables uniformes almidonados como los que yo usaba en la casa presidencial, me llevó hasta el fondo del terreno y me enseñó una construcción en la que me advirtió que estaba prohibido entrar. Dijo: Es mi estudio particular y lo tengo siempre cerrado con llave. Te pido que lo respetes porque allí guardo mi intimidad. No quiero que entren ni siquiera a limpiar, yo me hago cargo de todo. Luego volvimos a la casa y me mostró el sótano que me ofreció para que lo usara como quisiera. Aquí podrás tener tu privacía dijo.

En cuanto terminamos el recorrido me anunció: Hoy es jueves pero por única vez va a ser como si fuera sábado. No le pregunté qué quería decir con eso. Simplemente me dejé llevar a nuestra habitación, donde me quitó el vestido haciéndome por fin mujer como Paco debió haber hecho y luego me hizo lo mismo que los artistas en Oaxaca, pero con suavidad.

Mientras él se afanaba en lo suyo, me percaté de que sobre la mesa de noche lucía perfectamente enmarcado un rezo escrito en grandes letras azules que era imposible no ver desde la cama. Decía: Señor, no es por vicio ni por fornicio, sino por hacer un hijo en tu santo servicio.

❖

En punto de las nueve de la mañana de mi primer día de casada, llegaron a recogerme mis cuñadas para cumplir con el encargo que les había hecho su adorado hermano: llevarme a cortar el cabello justo debajo de la oreja como lo usan las señoras finas, porque según él, sólo las indias van de trenza. Y también alaciarlo, porque en su opinión, nadie en sus cinco sentidos se dejaría ese cabello ondulado como de secretaria bilingüe.

El segundo día de casada, las mismas mujeres llegaron otra vez a las nueve en punto de la mañana, esta vez para llevarme al diplomado intensivo de economía doméstica, organizado por la Asociación de Esposas Cristianas, A. C. en el cual aprenderíamos cómo mandar correctamente al servicio doméstico.

Esa misma tarde, vino a la casa una maestra de caligrafía que en adelante se encargaría, dos veces por semana, de corregir mi letra que era, en opinión de mi marido, absolutamente horrible. De eso se había dado cuenta dijo, cuando firmé el acta del Registro Civil y ahora estaba decidido a que yo adquiriera la escritura de rasgos finos que enseñaban en las escuelas de monjas. ¡El pobre no sabía que era un esfuerzo inútil al que ya mi abuela le había puesto gran empeño sin conseguirlo!

Los siguientes ocho días, fueron dedicados al curso de manejo de automóviles que me había obsequiado la Primera

Dama de la Nación y en el cual sufrí porque José Antonio no me permitía, por ningún motivo y bajo ninguna circunstancia, usar zapatos bajos, ni que fueras enfermera decía, y entonces los tacones se atoraban en los pedales y el coche frenaba o aceleraba sin que yo tuviera ninguna intervención en el asunto.

Cuando cumplimos un mes de la boda, me internaron en el hospital de especialidades del doctor Ortiz de Montellano para que me operara la nariz, que en opinión tanto de mi marido como de sus hermanas era demasiado grande. Durante varias semanas permanecí inmóvil, con los ojos inyectados de sangre, toda hinchada y llena de moretones, pidiéndole a Dios que a mi nueva familia no se le ocurriera cambiarme también los pómulos o las orejas, las rodillas o la barbilla.

❖

Cuando estuve lista para iniciar mi vida de casada, mis cuñadas me invitaron a comer. Vamos a darte las explicaciones y advertencias necesarias sobre sus gustos, costumbres y hábitos para que lo puedas atender adecuadamente dijeron.

El problema era que yo no me atrevía a salir, porque parecía puerquito con ese botón de nariz que me habían hecho y no quería que nadie me viera. No se preocupe decía el doctor cada vez que me quejaba, su nariz tiene una excelente proyección.

Cuando vi que la hora se acercaba, no me quedó otra que armarme de valor porque no era cosa de dejarlas esperando. Así que me subí a mi auto nuevo, que nunca había manejado sola, lo saqué del estacionamiento y enfilé hacia la avenida. En la primera esquina estaba un señor con un trapo rojo en la mano que se me quedó mirando, dispuesto a burlarse de cómo me veía. Me dio tanto coraje que bajé la ventanilla y le grité, repitiendo las palabras y el acento irónico que mi padre usaba con los peones cuando farfullaban en voz baja su inconformidad por alguna orden: Dígame qué se le ofrece para de una vez resolvérselo. El hombre respondió: Es que aquí hay un lugar libre para que se estacione y yo le puedo cuidar su coche.

Avergonzada por la equivocación que me había hecho comportarme tan grosera, no tuve más remedio que aceptar estacionarme donde se me indicaba, aunque no era a ese lugar a donde iba.

En esas estaba, pensando cómo resolver el dilema, cuando se me acercó una mujer muy alta y muy ancha, vestida con ajustados pantalones de imitación leopardo y exageradamente maquillada. Soy Senadora de la República y si no te quitas de aquí te voy a romper la cara con todo y esa linda nariz tuya dijo.

No me lo tuvo que repetir. Inmediatamente arranqué el coche, las manos temblando sobre el volante, los tacones temblando sobre los pedales. Pero apenas había dejado el lugar, un auto pequeño, de esos que usan los estudiantes, se metió y le ganó el espacio a la señora Senadora de la República. Una jovencita en ligero vestido de algodón se bajó sonriente y le espetó: Son las ventajas de ser joven. La mujer se puso furiosa y convertida de verdad en leopardo se subió a su coche y ante los ojos atónitos de todos los presentes, lo lanzó una y otra y otra vez contra el de la muchacha, hasta que lo hizo pedazos. Luego le aventó una tarjeta y dijo: Ese es el número de mi seguro para que te lo arreglen. Son las ventajas de ser rica.

Por supuesto, ya no fui a comer con mis cuñadas. Me regresé derechito a mi casa y por única vez en mi vida me atreví a llamar a mi marido a su oficina a media mañana, cosa que tenía yo totalmente prohibida, para suplicarle que contratara un chofer.

❖

El segundo lunes de abril, empecé por fin a ocuparme de mis deberes y descubrí que lo más difícil del mundo es ser esposa. ¡Jamás imaginé que una persona tuviera tanto quehacer y que el día no le alcanzara! De plano, hasta me tuve que suscribir a varias revistas en las que enseñan cómo organizar las horas, las actividades, los armarios y hasta la bolsa de mano a fin de que todo funcione perfectamente

Había que estar pendiente de la casa: que ya llegó el gas, que ya vino el plomero, que falta tierra para el jardín, que mandaron los vinos, que se descompuso la lavadora, que dónde están los trajes del señor que van a la tintorería, que se acabó la crema de afeitar y también las aspirinas y los pañuelos desechables y el jabón y el limpiavidrios, que urge cambiar los tapetes de la biblioteca y llamar al que desempolva el candil del comedor, que toca impermeabilizar la azotea, que si la suscripción al periódico es por seis meses o por un año, que al motor de la tina le falta grasa, que la temperatura del agua de la alberca está muy alta, que hoy es día de fumigar, que hace falta resurtir la despensa de latería, que la cocinera pregunta cuántas milanesas prepara, que hoy se paga la mensualidad del auto de la señora, que el sastre quiere saber si le dejaron el corte y la planchadora pregunta si almidona nada más los cuellos o también los puños. Había que asistir a las reuniones de vecinos de la colonia, participar en las labores del voluntariado de la oficina de mi marido y de la oficina de la Primera Dama, mandar regalos y felicitaciones, ir a los cocteles y bodas y llamar por teléfono después para agradecer y estar muy activa en el Grupo de Amigas de los Periodistas de las Secciones de Sociales, dedicado a agasajar constantemente a quienes cubrían la fuente, no se fueran a olvidar de sacarnos en las páginas de los periódicos y revistas, sobre todo en el evento principal del año que era el desfile de modas para la temporada otoño-invierno. Y todo esto además de ir al salón de belleza y de pasar mucho rato con la suegra y las cuñadas, ayudándolas en sus tareas de caridad para la parroquia y acompañándolas en los desayunos y tertulias con las amigas o con el cura. Pero lo que más tiempo me ocupaba era ir de compras: ropa y zapatos, accesorios, cosméticos y perfumes, adornos para la casa ¡nunca imaginé que se pudiera comprar tanto y dedicar tanto esfuerzo a esta actividad!

❖

Solo dos veces en toda nuestra vida de casados, reñimos mi marido y yo. La primera fue cuando usé el mismo vestido en dos cenas, una el lunes y otra el jueves. Jamás lo vuelvas a hacer dijo furioso, porque además de que a mí me aburre verte repetida, a los otros les das la impresión de que soy o muy pobre o muy mezquino. La segunda, fue cuando le mostré dos paraguas enormes de muchos colores que le compré a un vendedor en una esquina mientras el semáforo estaba en un larguísimo alto. Jamás, pero lo que se dice jamás, me advirtió sumamente alterado, vuelvas a comprar nada en ningún lugar que no sea una tienda bien puesta que cumpla con los requisitos de la ley ¿entendiste?

El domingo siguiente, después de la comida familiar, le conté el incidente a uno de mis cuñados y le pregunté por qué sería tan fuerte el enojo de José Antonio. El me explicó: Lo que sucede es que el suegro traía fayuca de Estados Unidos en los tiempos en que estaba prohibido. Era un negociazo, se hizo riquísimo. Pudo hacerlo gracias a sus muchos amigos en el gobierno y a un bien aceitado mecanismo de repartir dinero y mandar regalos por acá y por allá. Pero un día le robaron un tráiler cargado de tapetes orientales y aparatos eléctricos y nunca lo encontraron. El hombre murió de un infarto que le vino del puro coraje. Y como un año después, la mercancía empezó a aparecer en las esquinas, en manos de los vendedores ambulantes.

No me quedó más remedio que tirar a la basura los hermosos paraguas de colores.

❖

La idea me la dio una amiga de mi cuñada. Una tarde pasó a saludarnos y cuando le sirvieron café con pastel le dio dos probadas y nada más. No deberías desperdiciar la comida dijo mi suegra, hay gente que se muere de hambre. Se equivoca usted respondió la aludida, hoy la gente ya no sufre por falta de comida sino por falta de ejercicio, esa es la peor carencia de la humanidad.

Así que ni tonta ni perezosa, tiré los trebejos del sótano, convertido por la madre de José Antonio en cuarto de costura con todo y sus sillones de descansabrazos de madera y tela estampada a juego con las cortinas y lo que allí monté fue un gimnasio con los mejores y más modernos aparatos. Encargué directamente desde Estados Unidos una caminadora con sistema de muelleo para no lastimarme las rodillas, una escaladora que avisaba cuando el corazón estaba en su máxima frecuencia, una bicicleta que subía por montañas imaginarias, una remadora que navegaba por lagos imaginarios, un sistema de pesas que servía para fortalecer brazos y piernas, tablas de diversos tipos para trabajar el abdomen, barras para colgarse y doblarse, para estirarse y encogerse, y mi consentida: una silla para estirar los músculos de la espalda.

Un entrenador personal venía todos las mañanas durante dos horas y con él corría alrededor del jardín, saltaba la cuerda, subía y bajaba del banco de los aeróbicos. Cuando se iba, pasaba yo a los aparatos durante una hora más. Y para terminar, nadaba cuarenta y cinco minutos en la alberca, que tenía un sistema de chorros a gran presión para que el esfuerzo fuera mayor.

Una nutrióloga me acompañaba cada semana a hacer las compras y le enseñaba a la cocinera cómo combinar los productos para una alimentación sana y balanceada. Y un endocrinólogo nos recetaba las vitaminas adecuadas para complementarla.

❖

Una mañana en que trabajaba particularmente fuerte y el sudor me escurría, aparecieron frente a mí a cuatro individuos con pistolas. A los sirvientes los maniataron y encerraron en un baño y a mí me envolvieron en la alfombra persa de la sala y me aventaron al rincón. Oigan dije, hay sopa caliente y guisado ¿no les gustaría comer? Pero no me hicieron caso, ocupados en buscar lo que buscaban, así que me puse a darles las indicaciones: Las joyas están en el tocador, la llave de la cerradura está detrás del cuadro que cuelga sobre la cama, los cubiertos de plata en aquel cajón, el cuadro de Picasso en la pared del comedor, hay más de mil discos y como trescientas películas en el cuarto de televisión, los dólares están en la caja fuerte de la biblioteca y la combinación es la misma que el número del teléfono... pero tampoco se interesaron en estos ofrecimientos. En un momento uno gritó que ya me callara, que ellos no venían por mis piedras preciosas ni por mis electrodomésticos que eran cosas ya demasiado vistas, que lo que querían eran los aparatos del gimnasio porque eso se vendía muy bien en estos tiempos en que la gente estaba loca por cuidarse el cuerpo y la salud y por lograr la perfección física y la eterna juventud.

Y en efecto, eso fue lo que se llevaron. En un enorme camión de mudanzas subieron mis maravillosos equipos importados y de paso mi dotación de bebidas energetizantes que costaban un dineral y eran tan difíciles de conseguir.

❖

Después del asalto no volví a hacer ejercicio. No porque me hubiera quedado atemorizada, pues historias de esas le pasaban a todos los conocidos y todos seguían adelante como si nada, ni tampoco porque tuviera flojera de recorrer tiendas y catálogos para adquirir otra vez la caminadora y la bicicleta y las tablas y la silla, pues ya me había acostumbrado y hasta me gustaba eso de dedicar el tiempo a comprar, sino simple y sencillamente porque estaba embarazada.

La noticia no me causó felicidad como decía en las revistas que debía suceder. Primero, porque no me sentía bien, engordaba con sólo probar los alimentos y tenía náuseas y mareos. Pero sobre todo por el miedo, las pesadillas me asaltaban, unas veces se me aparecía la comadre aquella, amiga de doña Luisa, que me había operado y cuando se alejaba yo quedaba en medio de un gran charco de sangre y otras se me aparecía un bebé que tenía la cara del Julián igual a como la había visto en la televisión cuando lo descubrieron.

El parto llegó de noche. Yo estaba sola en la casa porque José Antonio se había encerrado en su estudio como hacía siempre al volver del trabajo y no era cosa de irlo a molestar, ya me lo había advertido. Y como no me atrevía a tomar taxis desde una vez hacía tiempo en que me habían dado un susto, pues saqué el auto cuyo enganche me había regalado la Primera Dama y cuyas mensualidades pagaba mi marido y me fui manejando al hospital.

Pero no había recorrido ni tres cuadras cuando un policía me detuvo: Este coche no circula hoy señora dijo. Oficial respondí, son las diez de la noche con cinco minutos, ya terminó la prohibición. Su reloj está adelantado, faltan dos minutos para las veintidós horas. Le expliqué que era una emergencia pero ni así me quiso dejar ir, hasta que me entregue algo para persignarme dijo. Entonces le di mi argolla de matrimonio que era de oro blanco, pues no llevaba ninguna otra cosa y le gustó tanto que me acompañó, abriéndome paso con su sirena. Pero cuando por fin llegué a la clínica, los gemelos se habían asfixiado.

❖

Tres veces más me embaracé. Y las tres mi marido se las arregló para desaparecer y dejarme sola durante el parto, nada más que para entonces yo ya había hecho un arreglo con el policía para que por una cantidad fija que se actualizaba con la inflación, me escoltara al hospital.

Tres hijos tuvimos, dos varones y una niña. Los tres nacieron demasiado pequeños, a pesar de que yo engordaba mucho durante la espera y los tres tuvieron que pasar varios días en la incubadora antes de poderlos llevar a la casa. En ninguno de los casos me llegó ni la leche ni el instinto maternal, por más que los esperé y aceché. Cuando se lo comenté al doctor, me respondió con su habitual actitud paternalista: En lo que se refiere a la leche es mejor la de polvo, más limpia, más completa, más moderna. Y en lo que se refiere al instinto, pues tendrás que elegir, porque en esta vida siempre se guía uno por ellos y sólo existen tres, el criminal, el aventurero y el de madre, así que tú sabrás.

Cuando nació la mujercita, le pedí que me operara porque aquello parecía el cuento de nunca acabar con tantos embarazos uno detrás de otro, pero el médico no sólo se negó sino que me acusó con mi familia que puso el grito en el cielo. En esta casa somos creyentes y aceptamos todos los hijos que nos mande Dios dijo mi suegra. Y dijo: Lo que no aceptamos ni aceptaremos jamás son herejes, apréndetelo bien.

❖

Y bien me lo aprendí y me aguanté. ¿Por qué? No lo sé. Lo hice a pesar de que no soportaba a mi marido, de que me chocaba su formalismo, de que su arrogancia me resultaba ridícula y de que detestaba el olor tan perfumado de la loción que usaba. Lo hice, aunque me desesperaba su necedad que le hacía considerar que todo debería ser del modo y a la hora que él quería y aunque me irritaba su comportamiento de niño consentido que se sentía el dueño del mundo y que al mismo tiempo no era más que el hijo de mamá, el que todos los días, al levantarse, lo primero que hacía era llamarle para responder a las dos preguntas que obsesionaban a la buena señora: ¿Qué te dio de comer ayer tu mujer? y ¿Ya tuviste el estómago hoy? Lo hice, aunque odiaba su manía de encerrarse por horas en su estudio y a sabiendas de que lo que más me hubiera gustado era que desaparecieran de la faz de la tierra los sábados, esos días que yo veía venir con horror y en los que tenía que inventar toda clase de pretextos para salvarme de sus infaltables y aburridos acercamientos destinados a cumplir con eso que pomposamente llamaba su Sagrado Deber Conyugal.

❖

Pero la verdad es que si no fuera por José Antonio, se podría decir que mi vida era perfecta. ¿Qué más se puede pedir en este mundo que lo que yo tenía?: una residencia en el mejor rumbo de la ciudad, las escrituras bien guardadas en la caja de seguridad del banco, un departamento de tiempo compartido en Vail Colorado, intercambiable por otro en cualquier lugar de esquiar del planeta, dos autos, tres hijos sanos, sirvientes serviciales, perro y perico, seguro de gastos médicos, ahorros para la vejez. Cada cumpleaños me cantaban las mañanitas y me obsequiaban una joya. En verano usaba vestidos delgados con zapatillas abiertas y en invierno, trajes de dos piezas gruesos y con botas. Mis collares tenían anillo, pulsera y aretes al juego, los niños tenían todos los juguetes que se habían inventado, íbamos a bodas y fiestas, bautizos y reuniones de familia, al cine y al teatro, a cenas, los fines de semana los pasábamos en Cuernavaca o Valle de Bravo como toda la gente que conocíamos y la última semana del año, desde el día siguiente de la cena de Navidad en casa de alguna de mis cuñadas, íbamos a la playa, a un hotel de lujo, también como hacían nuestros parientes y amigos.

Cuando me miraba al espejo, con mi nariz perfecta, el cabello impecablemente cortado, la ropa más fina, me emocionaba saber que los siguientes diez y veinte y cincuenta años mi vida seguiría igual. ¡Y pensar que le debía todo al Señor Presidente y a la Primera Dama de la Nación que ahora vivían solos en el otro extremo del planeta a donde tuvieron que huir por el odio y los reclamos de los ciudadanos!

❖

Mi felicidad se cortó de tajo una tarde, cuando fui a la revisión de rutina con el ginecólogo quien me informó que tenía cáncer.

Lo que siguió fue demasiado rápido: él mismo se comunicó con mi marido y entre los dos tomaron las decisiones. De nada sirvió que yo protestara y les asegurara que me sentía bien, que pidiera oír la opinión de otro especialista y que prefiriera morir que someterme a una cura tan brutal. En opinión del médico yo no sabía de esas cosas y según mi marido, estaba demasiado alterada para pensar. Así que esa misma noche me internaron en el hospital y al día siguiente me sometieron a una operación para quitarme el pecho enfermo y de una vez y como método de prevención, el otro que estaba sano, así como los ganglios de las dos axilas.

Tres semanas estuve en un grito de dolor recuperándome de las heridas y luego seis meses en cama, recibiendo inyecciones de sustancias químicas que me dejaron sin un solo pelo en el cuerpo y sin un gramo de energía en el alma.

Apenas si recuerdo esa época. De día y de noche me acompañaban enfermeras que no me permitían moverme y me obligaban a tomar montones de medicamentos y de sedantes que me hacían dormir mucho y sentirme mareada y atontada. La boca se me llenó de aftas y no podía comer nada sólido, puros líquidos fríos con popote. Tampoco podía vestirme pues la piel estaba en vivo y hasta la seda más suave me raspaba. Era paradójico, pero por culpa de la curación a que me habían sometido, me sentía más débil que nunca y había perdido los senos, el cabello, la menstruación, la alegría y todos los apetitos.

❖

Un día entró José Antonio a la habitación y dijo: El doctor Gutiérrez falleció en un accidente de tránsito. He indagado entre los conocidos y me recomendaron a un médico recién llegado de los Estados Unidos para seguir con tu tratamiento. Iremos para que te vea.

El nuevo galeno recorrió las páginas de mi expediente y pronunció su veredicto. Dijo: La bolita que usted tuvo era de grasa, así que se hubría deshecho sola sin necesidad de cirugía ni radiaciones ni quimioterapia. Desgraciadamente el laboratorio clínico a donde mandaron a hacer el análisis tenía máquinas muy viejas que no permitieron hacer un diagnóstico más preciso. Pero es que en este país nadie quiere invertir en ponerse al día en los equipos. Y dijo: El doctor Gutiérrez se apresuró para tomar la decisión de seguir un tratamiento tan agresivo, pero no lo podemos culpar porque la medicina moderna se basa precisamente en actuar rápido para evitar daños mayores. Él no sabía lo que yo acabo de aprender en mi posgrado, y es que hoy ya se puede saber si una persona tiene propensión al cáncer ¡con sólo estudiar uno de sus pelos púbicos! Y dijo: Que le haya quitado de una vez los dos pechos y los ganglios fue para evitarle a usted problemas en el futuro, lo cual es la actitud correcta si es que efectivamente hubiera sido un tumor canceroso. Y por fin dijo: Ya ni modo, a lo hecho, pecho.

De repente la muerte dejaba de amenazarme y yo recuperaba la salud, que por lo demás nunca había perdido.

❖

La debilidad física la superé rápido, nada más dejé las medicinas y empecé a caminar, primero quince minutos, después media hora y por fin la hora completa. Pero el alma no se me curaba. No podía con la rabia, que me quemaba como un fuego, que me pesaba como una piedra. Odiaba a mi marido por prepotente, a las enfermeras por sus palabras amables, a la suegra que me miraba con ojos que según ella eran de compasión y según yo eran de burla, a las mujeres que caminaban por la calle con sus dos senos saltarines bien puestos en su lugar y a mi cuerpo mutilado por la arrogancia y la ignorancia de un médico que, como todos los de su profesión, se sentía infalible.

❖

Un domingo José Antonio me convenció de que lo acompañara a llevar a los niños al zoológico. Hacía mucho tiempo que no paseábamos y la mañana estaba soleada. Después de ver a los animales, bajamos al lago y alquilamos una lancha. Mi marido remaba bajo el sol del mediodía mientras nuestros hijos se divertían viendo a los que hacían guerras de agua entre ellos, aunque su padre no les permitiera participar, ni que fueran pueblo decía. De repente divisamos un puesto de golosinas que se erguía en una isla y los chicos se alborotaron para que les compráramos. José Antonio se acercó lo más posible a la orilla y yo brinqué hasta las angostas y empinadas escaleras de piedra que subían al lugar.

Una vez arriba, hice mi pedido, tantos refrescos, tantos helados. Mientras la empleada se afanaba preparándolo, miré el paisaje que parecía congelado en una escena feliz: el lago, los árboles, el cielo, la gente paseando y mi familia, mi hermosa familia, sentada allá abajo en la lancha, todos sonrientes, todos endomingados.

No supe por qué, pero empecé a caminar y a caminar y a alejarme de allí. Luego dejé de ver a los míos y dejé de ver el agua pero de todos modos seguí caminando. Y salí del parque y tomé por la avenida y caminé y caminé. Y me subí a un camión y me fui yendo y me fui.

Capítulo dos:
De lo que se refiere a ya estar viviendo

Pasé la tarde vagando por el centro de la ciudad, mirando los aparadores de las tiendas cerradas, asomándome a los restoranes semivacíos, atisbando por las ventanas de las viejas vecindades en las que familias completas dormitaban frente al televisor. Cuando anocheció, entré a un cine y vi dos películas. Eran historias de amor en las que las equivocaciones tenían remedio y al final todo se componía y los buenos triunfaban. Luego alquilé una habitación en un hotel pequeño que encontré por allí. Se llamaba Lucerna. Me encerré con llave y en la manija de la puerta colgué el letrero de cartón que decía: No molestar.

Dormí mucho, como hacía años no dormía. El silencio, la oscuridad y la soledad fueron mis aliados.

Me despertó el hambre. Me bañé y salí a buscar algo de comer. Era de tarde y había mucho trajín en las calles. Los periódicos aseguraban que era martes.

En una fonda pedí la comida corrida que me supo a gloria. Cuando pagué recordé que ese dinero era con el que había ido a comprarles refrescos a mis hijos aquel día de mi huída. Pero así como los recordé, así los olvidé. Me sentía bien y me entretuve largamente con el café, mirando a la gente. Luego regresé al hotel, mi nuevo hogar.

Al cruzar el umbral vi el anuncio: Se solicita recamarera con referencias.

Inmediatamente fui a ver al encargado y le pedí el empleo, ofreciéndole las únicas referencias que podía conseguir:

las bancarias. Eso le sorprendió, a saber en qué lío me estoy metiendo dijo, pero así y todo me contrató y esa misma noche cambié mi habitación de huésped por la de sirvienta.

❖

El de recamarera es el mejor trabajo del mundo. Está una sola todo el día, sola con sus pensamientos, con sus recuerdos, con sus fantasías. No se habla con nadie más allá del buenos días y buenas tardes, se pueden ver las telenovelas mientras se tienden las camas, cantar mientras se barre la alfombra, meterse en la intimidad de las personas mientras se limpia el baño.

Al poco tiempo ya conocía los hábitos de los huéspedes, el que duerme inquieto y deshace la cama, la que se cambia varias veces al día de ropa interior, el que lee antes de dormir, la que usa muchos cosméticos. Sabía quién usaba faja y quién enchuecaba los zapatos, quién comía galletas antes de apagar la luz y quién tomaba pastillas para la presión. Por la basura que tiraban, por los objetos que tenían en su mesa de noche, por la forma como acomodaban su ropa, por la hora a la que salían o llegaban a la habitación, imaginaba sus vidas. Y mientras pasaba la aspiradora, ponía la colcha, tallaba la pared y secaba el excusado, inventaba mis propias telenovelas.

Lo único malo era que me cansaba mucho. Primero, porque no tenía fuerzas por tanto que había estado dizque enferma. Y además, porque como siempre he sido perfeccionista, iba de un lado a otro montón de veces hasta lograr que las sábanas quedaran bien estiradas y los muebles bien sacudidos. Me quedaba largo rato limpiando el espejo con papel periódico mojado, pasándolo ahora horizontal, ahora vertical hasta que no quedara una pringa.

El sueldo no era ni la mitad de lo que le pagábamos a las sirvientas de mi casa, pero me alcanzaba bien porque me daban las comidas, que conforme me fui haciendo amiga del encargado fueron siendo más abundantes aunque no más sabrosas. También me dieron uniforme así que ni ropa necesitaba.

Y es que nunca salía. No tenía nadie a quién ver ni ningún lugar a dónde ir. A veces, si no había quehacer, salía a caminar un rato y luego de dar vueltas por el rumbo regresaba. Una sola ocasión usé algo de dinero y fue cuando me compré un lápiz labial en uno de esos puestos que se ponen por allí, en las esquinas.

❖

Una mañana encontré en un baño, junto al lavamanos, un anillo. Era una rondana sencilla de plata de baja denominación pero tenía la más hermosa piedra de río color gris oscuro, de forma perfectamente circular y textura rugosa que me recordaba las que había en el arroyo de mi casa de infancia. No lo pude evitar y simple y sencillamente lo hice mío.

Esa misma noche la huésped armó tal escándalo, que hasta vino la policía. Para mi sorpresa, la mujer dijo que se le había perdido una joya finísima, de oro blanco, con un diamante que pesaba un kilate. Me dio tanto coraje su cuento, que decidí decirle la verdad al administrador. Lo llamé a un lado y le mostré la baratija que él a su vez mostró a los que investigaban. En el colmo del cinismo, la agraviada sólo acertó a decir: ¿Por qué defiende usted a las compañías de seguros? ¿qué gana con eso? Hice lo mismo en Japón y se lo creyeron y me dieron bastante dinero. Quien quita y también aquí la cosa pegaba.

❖

Después del incidente me llamó don Mario, el encargado de la recepción. Yo esperaba que me despidiera pero no fue así. Me dijo: Cuando llenaste tu solicitud de trabajo me di cuenta de

que tienes bonita letra, así que quisiera pedirte un favor ¿podrías escribirme una carta? Como dije que sí, me dictó:
Ciudad de México, Hotel Lucerna.
Querido Agustín,

Han pasado muchos días, semanas, meses y años, de aquella gesta tuya que antes se consideraba como traición a la patria y hoy los libros de historia ya alaban como heroica. Pero tú sigues empeñado en tu silencio, encerrado en tu escondite, aislado del mundo, siendo que a estas horas ya todo se olvidó y nadie se acuerda de ti.

No te escribo casi nunca porque no me gusta eso de mandarte las cartas a un apartado postal en una ciudad lejana, pero a veces no me ha quedado más remedio que hacerlo. Te escribí para reclamarte que abandonaras a tu mujer y a tu hija porque según tú así lo exigía la lucha, te mandé una carta cuando se casó la Chata porque era tu hermana consentida, te avisé cuando murió papá aunque ya para entonces ni esperanzas de que vinieras al entierro, te rogué que regresaras cuando mamá estaba tan enferma y en su delirio te llamaba una y otra vez, te busqué cuando nació mi primer hijo pues me sentía el hombre más feliz del mundo y hasta le puse tu mismo nombre, a ver si así conmovía tu corazón. Pero nunca, ni una sola vez, respondiste a mis misivas ni diste señales de vida. A lo mejor ya ni siquiera estás vivo.

Y sin embargo, aquí estoy, escribiéndote una vez más para contarte algo que quizá te haga reconsiderar: encontré a Alberto en un restorán. Es ahora un empresario rico y gordo, bien vestido y perfumado. Me contó que no ve a nadie del grupo aunque sabe de ellos. Dice que excepto tú, los demás ya se han vuelto personas normales, que dejaron atrás las locuras de juventud y se han integrado a la vida. ¡Hasta Alejandro que era tan radical es ahora un autor famoso que escribe libros precisamente sobre el tema de la guerrilla!

Después de algunas copas, me atreví a hacerle una pregunta que me ha quemado el alma durante todos estos años.

Me sentía mal, como si te estuviera jugando chueco por meterme en este asunto tan íntimo y tan delicado. Pero de todos modos le pregunté si sabía cuál había sido la debilidad tuya que durante tanto tiempo todos te reclamaron y que por lo visto debe haber sido muy terrible para que te persiga y carcoma hasta hoy, no dejándote volver. ¿Qué pudiste hacer tú, le pregunté, que fuera peor que llorar y ensuciarse en los pantalones como él? ¿o suplicar por su vida y jurar que nunca más como Antulio? ¿qué pudiste hacer tú, insistí, peor que confesarlo todo, diciendo los nombres y las direcciones y las actividades de cada uno como hizo Alfonso que ahora está en la Comisión de Ideología del Partido Oficial? ¿qué pudo ser mayor debilidad, le grité ya en la desesperación, que suicidarse después de que los soltaron con la amnistía como hizo Arturo?

Hasta donde yo sé, tú no hiciste nada de eso Agustín. Y sin embargo, es al único del grupo de los A al que le siguieron reprochando y no sólo ellos, sino tú mismo todos estos años. Por eso insistí con Alberto, al fin que a estas alturas ya se pueden saber esas cosas. Y ¿sabes lo que me contó? Me dijo que cuando la policía militar los detuvo y ustedes creyeron que allí mismo los matarían, uno lloró, el otro suplicó, este prometió y aquel confesó pero que tú, en ese momento de la verdad, lo que hiciste fue ponerte a rezar. Rezar ¿te das cuenta? Eso nunca te lo perdonaron, pues ¿no acaso eras marxista y la religión es el opio del pueblo?

Querido Agustín: Déjame decirte que ya pasaron los tiempos en que era vergonzoso creer en Dios o por lo menos que se notara. Ahora los partidos y los intelectuales, los empresarios, los artistas y hasta el gobierno, todos son amigos de la Iglesia y lo presumen. Así que ya puedes volver a casa. Por eso te escribo hoy esta carta, para que lo consideres.

Tu hermano que te quiere, Mario.

❖

Llevaba yo poco más de un mes en el hotel Lucerna, cuando un fin de semana llegaron Los amigos de la Biblia. Se trataba de un grupo que según dijeron, dos veces al año alquilaba el hotel completo y se encerraba con una maestra que les explicaba partes del sagrado libro.

Se aparecieron el viernes al medio día, cargando sus valijas y sus manías que ya le eran conocidas al encargado: este quería que la habitación tuviera ventana grande y aquel que estuviera cerca del elevador. Una pareja pedía camas individuales y en cambio la soltera a fuerza quería cama matrimonial. El que más me impresionó fue uno que insistía con empecinamiento para que le dieran la misma habitación del año pasado y del antepasado y aseguraba no estar dispuesto a aceptar que por ningún motivo se le alojara en otra.

Esa misma noche entendí por qué. Cuando entré para preparar la cama, cuál no sería mi sorpresa al encontrarme al susodicho, trepado cuan grande era, sobre la orilla de la tina, mirando con gran concentración por la pequeña ventana del baño. Venga, vea este prodigio dijo, invitándome a acercarme.

Lo que vi fue el excusado de la casa de enfrente, sobre el que estaba cómodamente sentado un trasero enorme y blanquísimo. Y la explicación no se dejó esperar: Este es el único lugar en el mundo desde donde se puede tener un paisaje tan maravilloso dijo, por eso siempre pido la misma habitación. Y dijo: ¿Sabía usted que los traseros humanos son muy diferentes entre sí? Tan sólo en esa casa que vemos desde aquí, hay algunos tan anchos que no alcanzo a abarcarlos completos y otros en cambio tan pequeños que puedo captarlos desde la espalda. Yo dedico buena parte de mi vida a estudiarlos y le puedo decir que son el espejo más fiel de la vida de sus dueños, porque son el único lugar del cuerpo donde no puede haber engaño, si su vida es sedentaria, si su comida es sana, si tienen tal edad o tal color de piel. Los hay descuidados, flácidos, con granos o con alguna cicatriz y los hay duros, ya sea porque son jóvenes o porque están bien ejercitados. Algunas personas se toman la molestia de echarles cremas o talcos, pero la mayoría no les hace nada y los deja completamente abandonados. Hay quienes se sientan mucho rato en el baño, tal vez aprovechan para leer o para huir del mundo y pensar en sus asuntos, incluso para llorar, porque se agitan en convulsiones y otros en cambio rápidamente hacen lo que tienen que hacer y se van.

Estuvimos allí un buen rato, mirando y filosofando, hasta que el dicho trasero se levantó y se alejó de nuestro campo visual. Entonces el hombre dijo: No conozco a su dueño, ni siquiera puedo distinguir si es hembra o macho, pero en todos estos años he visto cómo ha engordado y cómo la espalda que lo sostiene se ha encorvado. Y me da ternura, siempre duele ver envejecer a los conocidos. Y luego dijo: Ahora, si me permite señorita, aquí nos despedimos porque ya es hora de mi clase de Biblia.

❖

Trabajamos mucho durante esos días. Los huéspedes del grupo de estudios eran rígidos en sus costumbres, este no comía carne roja y aquel no quería sal en la sopa, uno gustaba de las verduras demasiado cocidas y otro del pan blanco o de los refrescos de cola. La pobre cocinera, don Mario y yo nos la vimos negra para darles gusto, más aún que a Braulio el mesero, le dio por enfermarse precisamente en ese momento y dejarnos solos con toda la responsabilidad.

Pero apenas se fueron, don Mario me llamó y me pidió que le escribiera otra carta:
Ciudad de México, Hotel Lucerna.
Señor don Pedro Godínez,
Seguramente le va a parecer extraño recibir ésta de parte de un subordinado, que bien le podía haber dicho en persona

lo que tuviera que decirle, si hubiera tenido la paciencia de esperar su visita mensual.

Tengo más de un cuarto de siglo prestando mis servicios en el hotel de su propiedad, veintiséis años, dos meses y una semana y media para ser exactos. Usted sabe que a mí me gusta la precisión. En todo este tiempo solamente falté dos veces: cuando me operaron de emergencia para extirparme el apéndice y la tarde en que se casaba mi hijo mayor. Por lo demás, nunca tomé vacaciones ni días festivos ni puentes y como he cumplido puntualmente con mis obligaciones, pues me he ganado la confianza de usted.

El fin de semana estuvieron aquí, como sucede cada seis meses desde hace seis años, los del grupo de estudio de Biblia. Como es su costumbre, se encerraron todo el día en el comedor y se dedicaron a escuchar a su maestra que les leía y explicaba algún capítulo del sagrado libro. Eso ha sucedido siempre de la misma manera, excepto que esta vez Braulio el nuevo mesero no se presentó a trabajar y entonces tuve que ser yo quien instalara la mesa con café y galletas para servir a los huéspedes. Resultó entonces que por accidente, escuché lo que allí se decía. Y esa es la razón por la cual le escribo esta carta.

Lo que sucede señor, es que entendí que el mundo es imperfecto y que las cosas no son como deben ser, que no todas las veces el bueno recibe el premio y el malvado el castigo, que Dios no siempre hace lo correcto. Todo eso lo aprendí escuchando los sufrimientos del pobre de Job.

Y entonces me di cuenta de que había desperdiciado mi vida. Sí señor, creí que cumplía con mi deber si trabajaba como animal y no tenía vicios, si le entregaba íntegro el salario a mi esposa, si llegaba cada noche al hogar, iba cada mañana al trabajo y cada domingo a la iglesia. Estaba seguro de que el creador lo sabría apreciar.

Pero ahora sé que no es así, que ni Dios les da a los que les toca, ni el sufrimiento es pasajero, ni hay consuelo posible, en esta vida o en la próxima. He vivido casi sesenta años esperando la justicia divina y ahora he entendido que ella no existe.

Créame señor que me dolió lo que oí. Me acordé de mi madre y lo mal que la pasó para sacarnos adelante. ¡Y para colmo era tan creyente que todavía aseguraba que Dios sólo le ponía pruebas a los que amaba y a los que eran fuertes para resistirlas! Y pensé en mis hijos y mi mujer, a los que hace mucho me hubiera gustado abandonar, no porque no los quiera, sino para gozar un poco de la vida, pero nunca me atreví.

Las palabras que escuché en estos días me causaron una profunda conmoción, se me metieron al alma y he pasado dos noches en vela. Algo se rompió dentro de mí. En adelante seguiré mi camino de otro modo, sin los miedos ni las ataduras. Y lo más increíble es que al hacerlo, estaré siguiendo las enseñanzas de la sagrada Biblia ¡la culpa es de Job!

Hasta nunca, Mario Salcido

PD. Me he llevado lo que había en la caja fuerte, pues es de justicia —aunque humana sin duda— tomar algo de lo que me corresponde después de tantos años de esfuerzo que solamente lo recompensaron a usted.

❖

¿Estarías dispuesta a marcharte conmigo? me preguntó don Mario cuando terminamos de escribir. Nos iríamos lejos, a algún lugar tranquilo, buscaríamos una casita, yo conseguiría un trabajo, tú te ocuparías de cocinar y de los niños que seguramente vendrían. En las noches veríamos la televisión y los domingos saldríamos a misa y luego a pasear...

Pero conforme iba diciendo las palabras, el rostro se le iba poniendo gris y la voz se le iba quebrando. Olvídalo dijo, no voy a volver a empezar con la misma historia. Y dijo: ¿Qué no habrá forma de librarse de ese mismo y único camino en esta vida?

❖

La tarde en que me despedí de don Mario y él salió por la puerta de enfrente para irse quién sabe a dónde, me sentí perdida. Yo no era la encargada del hotel pero tenía que actuar como si lo fuera, los huéspedes me pagaban, los empleados me pedían instrucciones. Y el patrón nada que aparecía. El dinero que recibía lo metía en un cajón y no me atrevía a sacar ni un centavo. A la semana ya los proveedores estaban furiosos y no querían entregar las mercancías y los compañeros exigían sus sueldos. Yo misma estaba sin dinero.

Una manzana fue mi perdición. Era de las rojas, duras y jugosas que tanto me han gustado siempre. Y con tal de tenerla, le pedí al que vendía la fruta que la cargara a mi tarjeta de crédito, esa que aún reposaba en el fondo de mi bolso desde aquel día lejano de mi huida.

A los cuantos días José Antonio apareció en el hotel. Dijo: Te buscamos por todas partes, en delegaciones de policía y en hospitales y por supuesto en la morgue. Ya te dábamos por perdida cuando llegó el estado de cuenta. Lo demás fue seguir la pista. Y dijo: Vine por ti, para llevarte de vuelta. Y dijo: Vámonos, rápido.

Y rápido me fui.

❖

Cuando entré a la casa, me encontré con que mi suegra se había instalado en ella. Vine para hacerme cargo de los niños y de la vida doméstica que irresponsablemente abandonaste dijo. Pero aunque ahora ya estaba de regreso, de todos modos no se fue.

Doña Guadalupe era una mujer de buena presencia, siempre impecablemente vestida y peinada, con los cabellos cortados justo debajo de las orejas y pintados de rubio cenizo claro (Miss Clairol número 483, exclusivo aplicación profesional).

Tenía modales de mujer fina y voz dulce. Sólo que detrás de esa fachada se escondía una persona envidiosa, chismosa, metiche, mandona y sobre todo, hipócrita. A sus amigas del grupo de caridad les ofrecía espléndidos desayunos, en los que planeaban este y aquel evento en favor de los pobres, pero si un mendigo le pedía limosna, lo insultaba por sucio o por flojo. A las sirvientas les medía lo que comían, que no fuera más que una pieza chica de pollo con pasta o arroz y jamás les ofrecía postre ni agua de sabor. Si se quedan con hambre acompleten con tortillas decía. Por lo menos una vez a la semana, ponía cara de torturada y con voz llorosa les suplicaba: por amor de Dios, tengan piedad de mí y no me roben. En una ocasión hizo a la lavandera volver a enjuagar toda la ropa de cama porque la había puesto sobre su catre y según ella, eso le había dejado mal olor y en otra le cobró al chofer el precio del camión cuando fue a comprar unos vasos y se equivocó en el modelo que le habían encargado. A los niños les enseñaba a ser desconfiados de todo mundo, a sentirse superiores y a patear a los perros, porque estos animales le chocaban al punto que no sólo se deshizo de los nuestros, sino que logró que mis hijos los detestaran.

Pues bien: esa mujer se había convertido en la dueña absoluta, en la reina y señora de mi hogar. Y estaba tan contenta en su papel, que hasta se veía rejuvenecida. Tenía el control sobre mi casa y sobre mi familia, manejaba el gasto, dirigía el servicio y organizaba los compromisos de mi marido y mis hijos. Y hay que reconocer que todo funcionaba a la perfección, todo estaba limpísimo, todos la obedecían sin chistar. Los sirvientes circulaban silenciosos, enfundados en uniformes perfectamente almidonados, los pisos brillaban y junto a los lavamanos esperaban botellas de agua hervida para lavarse los dientes y no usar la de la llave, que en su opinión estaba muy contaminada.

A la niña la encontré vestida con encajes y moños en colores pastel y a los varones con pantalón de casimir, zapatos de charol y el cabello muy corto peinado con goma. Ya nadie comía frente al televisor, nadie se acostaba después de las ocho, todos hacían la tarea, se bañaban en las mañanas y decían sus oraciones en las noches. Y en la mesilla de mi recámara, en el lugar donde había estado el rezo para el cumplimiento de mis deberes conyugales, había ahora dos fotografías de mi marido abrazando a su madre.

El más feliz era José Antonio. Venía a comer todos los días a la hora en punto y lo trataban como rey. Después de ingerir sus sabrosos y pesados alimentos, hacía una larga siesta y al despertar se enfundaba en un traje y camisa limpios, que lo esperaban colgados de un perchero, perfectamente cepillados y planchados. No se le hacía el menor ruido, no se le molestaba, no se le preguntaba, el papá trabaja mucho decía la señora, es necesario consentirlo decía. Lo más increíble era que el hombre hasta había dejado de ir a cenas y cocteles y en las noches mejor se sentaba con su madre a ver la televisión. Y los viernes iban al cine, muy emperifollados los dos, él de traje oscuro y ella peinada de salón, con su faja bien apretada y su vestido a juego con el saco, los zapatos y la bolsa.

Lo único que sobraba en ese mundo idílico era yo.

❖

Para mí el ambiente resultaba frío, como si todos estuvieran enojados. Nadie se me acercaba, no se me tomaba en cuenta, apenas si me dirigían la palabra. Los niños me trataban como a una desconocida y los sirvientes como a una intrusa.

Como no tenía absolutamente nada que hacer, pasaba el tiempo echada en un diván en la terraza de mi habitación, mirando ora el horizonte, ora la lámpara, ora la pared.

Un día me di cuenta de que mis dedos de los pies eran hermosos. Los miré y miré hasta que me enamoré de ellos y se me ocurrió que no estaría mal conseguir un empleo para anunciar huaraches.

❖

Pero no lo hice. Ni eso ni ninguna otra cosa. Simplemente seguí así, quieta y arrumbada como ellos querían.

Algunas veces desesperaba y buscaba a alguien con quien hablar. A la muchachita que me asignaron para atenderme hacía yo por ganármela, dime de dónde eres, cuéntame si tienes novio, si extrañas tu casa, pero no me contestaba. ¿Quieres un pedazo de pastel? le preguntaba, no gracias respondía, ¿te gustaría que te regale esta blusa? le preguntaba, no gracias, respondía. Enséñame a decir algo en tu idioma le pedía, dime cómo se dice te amo o tengo hambre o adiós, ándale, cómo se dice adiós, dime por favor. Pero no me contestaba. Un día, después de mucho insistir, por fin me respondió: En mi pueblo decimos chau pero le ruego, ya no me esté hablando. Al decirlo temblaba como si hiciera frío y luego se echó a correr. La seguí por toda la casa hasta que se metió a la cocina y se fue a refugiar en los brazos de la cocinera. Mary, qué le pasa a esta muchacha pregunté, no le he hecho nada malo y me huye como si fuera yo el diablo. Es que lo es, respondió la buena mujer y se persignó. Mary dije, tienes que aclararme qué está sucediendo aquí. Ella guardó silencio, pero yo insistí. Ay señora Susana dijo, pues es que la señora doña Guadalupe ya nos hizo ver que usted sí es el diablo, por eso ellos la echaron de la casa, por comunista, por judía, por hereje, porque nos andaba haciendo el mal a todos, hasta a sus propios hijos. Oye Mary dije sorprendida ¿algún día te hice daño o me porté grosera contigo? Pues la verdad no respondió, pero la señora doña Guadalupe dice que así es como el demonio nos engaña, sin que uno se dé cuenta. Oye Mary, y a mis hijos ¿les han hecho creer lo mismo? pregunté. Bueno respondió, es para que se sepan cuidar. Furiosa le espeté: ¿Y cómo te explicas entonces que ella te raciona la comida, te regaña por cualquier cosa y te tiene trabajando quince horas al día, lo que yo, que se supone soy tan mala, jamás hice? Mary bajó la cabeza y permaneció en silencio. Fue la muchachita la que contestó: Eso no es lo que cuenta dijo, lo que cuenta es que con la señora todas las tardes rezamos el Rosario.

❖

Un viernes en la noche, cuando ellos se habían ido al cine y los niños dormían, me metí al despacho privado de José Antonio, decidida a saber la verdad sobre lo que con tanto cuidado me ocultaba. No fue fácil abrir la cerradura, pero después de mucho esforzarme, logré hacerlo con un alambrito, como alguna vez alguien me había enseñado.

Era un cuarto enorme, con anaqueles de madera gruesa llenos de libros y revistas y en el centro un escritorio bien iluminado por una lámpara de luz blanca. Y todo lo que contenía era sobre la guerra: había tratados de barcos, aviones, trenes, tanques y soldados, había mapas y tarjetas en los que la información estaba cuidadosamente organizada, había cajas con fotografías perfectamente clasificadas y montones de cuadernos con comentarios y observaciones sobre las ventajas de este o de aquel aparato, de este plan o de aquella estrategia, escritos por mi marido con su letra pequeña pero clara.

Del perchero colgaba un traje de aviador, el saco cubierto de condecoraciones hechas por el mismo José Antonio, como si fuera el gran héroe de mil batallas. Había medallas y diplomas, cartas de felicitación dirigidas a él y firmadas por los generales más famosos, grados militares y ascensos que reconocían su invaluable cooperación y su valentía durante la batalla tal o cual.

Sentí ternura por ese pobre hombre que nunca había podido cumplir sus sueños y que hasta se tenía que esconder para atreverse a tenerlos.

Traté de dejar todo tal y como lo había encontrado, pero no pude, las chapas estaban irremediablemente forzadas. Y por supuesto, al día siguiente estalló el escándalo y yo no me atreví a confesar. Dejé que acusaran y corrieran al viejo jardinero don Eustaquio, que tantísimos años tenía trabajando con nosotros y que siempre había sido tan fiel.

❖

Los domingos me sacaban a pasear, más para acallar a los conocidos que por interés en mí. Pero para no correr riesgos, iba yo flanqueada por José Antonio y por su madre que me vigilaban atentos.

Lo primero era ir a misa, luego dábamos vueltas un rato por el parque donde los vecinos elegantemente ataviados nos saludaban, qué bueno que ya regresó de su viaje señora Susana, nos dijo doña Guadalupe que se había ido a cuidar a su madrecita enferma, por eso tardaba tanto en regresar. De allí nos íbamos a comer a casa de alguna de mis cuñadas en la que invariablemente los señores conversaban sobre lo mal que estaba el país. ¿Cómo ves las cosas cuñado? preguntaba uno, fatal respondía el aludido, no es posible lo que hicieron con lo del nuevo impuesto, y con lo de las auditorías decía otro, ¿te acuerdas del compadre de Luis, el que está casado con la hija del de las mueblerías? pues le cayeron los inspectores y está en un lío gordo... El tiempo se iba oyéndolos hablar de los errores que se cometían en la economía y de la amenaza que significaba que el Partido de la Izquierda Organizada pudiera ganar las elecciones.

Aunque a mí nadie me preguntaba, la verdad era que me agradaban esos de la izquierda, porque en los anuncios de la televisión le ofrecían a los ciudadanos acabar con la corrupción y con los negocios sucios de los gobernantes. Y era curioso, pero entre más mi familia despotricaba, más me atraían sus candidatos.

Una tarde en que mi suegra no estaba en casa hasta fui a un mitin. Amenacé al chofer con el cuchillo de la cocina, obligándolo a que me llevara a mí y a los niños. Y fue tal mi energía a la hora de blandir el arma, que los demás sirvientes, asustados, prefirieron acompañarnos. ¡Y cómo nos divertimos! Una parte del trayecto la hicimos en el auto, con montones de jóvenes subidos en el techo y el cofre y otra parte a pie, cada uno de mis hijos de la mano de su nana, mientras Arcadio nos seguía con el refrigerador portátil por si se nos ofrecía una bebida fría. Fuimos brincando con la multitud al ritmo del Pío Pío, ningún partido como el mío, quítense gallinas, ya vienen los pollos, no les armen lío.

Mi suegra se puso furiosa cuando se enteró. Dijo: ¿No entiendes que ellos defienden la sexualidad libre y que proponen repartir condones a todo mundo y abrir clínicas para atender a los que tienen el sida que son puros depravados? ¿no has oído que están a favor del aborto? Y dijo: Espero que tengas conciencia y no se te ocurra ni en broma darles tu apoyo. Luego volteó hacia mi marido y dijo: José Antonio, hazla que entre en razón por amor de Dios, a lo que él respondió: No te preocupes mamá, en este país esos rufianes no tienen ni la menor oportunidad.

Por supuesto, cuando llegó el día y fuimos a votar, en todas las boletas crucé al Partido de la Izquierda Organizada dándole mi voto a sus candidatos. Y por supuesto, luego se lo dije a todo mundo, a los vecinos que nos saludaban, a los parientes con los que fuimos a comer, a las visitas que pasaron a tomar el té con pastitas a media tarde, a los sirvientes y a mis hijos. ¡Hasta se lo decía a los que llamaban por teléfono, aunque fueran las amigas de mi suegra, aunque fueran los colegas de mi marido, aunque fueran personas que hubieran marcado el número equivocado! No señor, aquí no vive ese don Emilio Mancera al que usted busca, pero permítame aprovechar para sugerirle que vote por el Pío porque son los únicos que ofrecen un verdadero cambio. Unas veces me escuchaban, otras se ponían ellos también a hablar y las más de las ocasiones simplemente colgaban. Un día al empleado de la nueva compañía de teléfonos que apenas había entrado al país y que llamó a casa para proponernos que nos cambiáramos con ellos, le dije que los candidatos de la Izquierda Organizada nos habían advertido en contra de la globalización que les quitaba empleos a los mexicanos y que él debía ser más patriota y dejar de trabajar para esas transnacionales.

❖

Hasta que vinieron por mí. Fue un lunes, a la hora del desayuno. José Antonio se había quedado en casa más tarde que de costumbre, y aunque eso me sorprendió, no hice preguntas.

Entraron por la puerta de la cocina y Mary los condujo derechito al comedor: dos gigantes vestidos de blanco que me detuvieron de cada brazo y una mujer que me inyectó. No supe más hasta que abrí los ojos en un lugar desconocido. Estaba amarrada a los barrotes metálicos de una cama y una luz intensa me lastimaba los ojos. Un hombre de edad mediana, enfundado también en una bata blanca, se me acercó. Su voz se oía muy lejana aunque estuviera parado tan cerca. Dijo: Mi querida señora, su familia está preocupada por usted, por sus ideas extravagantes. Por eso su distinguida suegra, que es una de nuestras benefactoras más ilustres, la ha enviado aquí para que le demos la atención debida mientras entra usted en razón.

❖

La Casa para Locas de Nuestra Señora del Buen Consejo consistía en varios pabellones rodeando un jardín. Yo vivía con otras catorce mujeres en una habitación alta, larga y sin ventanas. La limpieza y la comida dejaban mucho que desear y las enfermeras nos trataban mal, a pesar de que, como nos recordaban cada vez que podían, este fuera un manicomio de paga. Tendrán mucho dinero pero están igual de jodidas que las pobres decían.

Allí hacía yo lo mismo que en mi casa, es decir, nada. Daba vueltas de un lado a otro, veía la televisión, iba al comedor por mis alimentos. En ocasiones nos pasaban películas o nos prestaban algo para leer. Un día por semana nos sentaban en círculo y el doctor que me había recibido nos hacía preguntas sobre nuestra vida: La única forma de curarse es indagando hasta el fondo decía, deben atreverse a hacerlo sin temor y a pesar de todo y de todos. Claro que si en mi indagación yo decía algo en contra de mi marido o de mi suegra, recibía un fuerte regaño por no entender lo que el dicho galeno llamaba los cimientos de la moral sobre los que se levanta nuestra sociedad.

❖

Muchos meses pasé encerrada en ese lugar. Llegaron y se fueron las lluvias y los fríos y los calores y allí seguía yo. Y nunca, pero lo que se dice jamás, recibí la visita o siquiera la llamada telefónica de algún familiar o conocido.

❖

Una tarde de esas calurosas del verano, me llamó la atención en una vieja revista para mujeres, un artículo sobre la vida de Luciano Panzacoti, el italiano que cantaba año con año en los especiales de Navidad de la televisión. Aunque era la quinta parte de siete y yo no había leído las anteriores, me interesó lo que allí contaban de su felicidad por haber encontrado un nuevo amor. Pude entender que el hombre había estado casado más de treinta años y un buen día había dejado a su esposa por una jovencita menor que sus hijos.

No sé por qué, pero me obsesioné con esa historia. Día tras día volvía yo a leer el artículo aquel, queriendo saber más, pero no sobre el cantante ni tampoco sobre la muchacha, sino sobre la esposa, de la que apenas si se hablaba. Busqué en las revistas que tenían en la sala de lectura para ver si encontraba más información, pero lo único que apareció fue un periódico con una fotografía en la que se veía un gordo desgarbado y fofo, enfundado en enormes calzones de baño, junto a una señorita muy delgada apenas cubierta por minúsculo bikini. Luciano Panzacoti descansa en el Caribe mexicano decía. Y decía: El famoso barítono ha declarado que esta mujer se le ha vuelto indispensable para vivir.

La cosa es que me empezó a doler el abandono de ese hombre a su esposa, como si fuera asunto mío. Me imaginaba a la señora, triste y sola, acariciando a su perro, que en mi fantasía era igual al que yo había tenido de niña en el rancho de mi padre.

Y un día sin más, me puse a escribir. Sobre una blanquísima hoja de papel que me obsequiaron en la recepción, con mi mejor letra apunté:
Milán, Casa del Bel Canto.
Querido Luciano,

Te escribo con el corazón en la mano. Desde hace treinta y cuatro años soy tu esposa ante Dios y ante los hombres y esperaba que así fuera hasta que la muerte nos separe.

Tú y yo hemos pasado juntos los momentos más difíciles y los éxitos más altos. Tomados de la mano estudiamos canto pero yo me retiré de los escenarios para convertirme en tu esposa, amiga, representante y secretaria. Crié y eduqué a tus vástagos, uno más hermoso que el otro, uno más inteligente que el otro. Administré las finanzas de la familia, adquirí las propiedades, negocié y supervisé tus contratos, cobré tus regalías y en tu nombre hice donativos y cuidé las relaciones públicas asistiendo a cenas de gala y a cocteles y organizándolos a mi vez. ¡Cuántas llamadas telefónicas hice cada día para hablar con las personas que tenían que ver con tu carrera! Atendí a los medios, preparé entrevistas, envié boletines, pero sobre todo, di una imagen tuya como un ser excepcional, dedicado en cuerpo y alma a la tarea sagrada de representar el arte más alto, la ópera, lo cual fue cierto y posible gracias a mi dedicación.

Todas las mañanas de mi vida te escuché ensayar y muchas noches me senté en primera fila en las salas de concierto, sin importar si para ello tenía que viajar al fin del mundo y abandonarlo todo. Y sin embargo, a la hora de las felicitaciones, siempre me quedé dos pasos atrás, dejándote a ti los reflectores completos. ¡Cómo te he cuidado! ¡Mi vida ha consistido en vivir para ti! Que descanses, que comas lo adecuado, que nadie interrumpa tus horas de estudio ni tus horas de sueño, que no abuses de tu voz, que las partituras se vean claras, en fin, que el hombre se sienta y se piense y sea el rey.

Te escribo esta carta querido mío, porque me he enterado de tu engaño. Un día abrí el periódico y te vi allí, sonriente, en una playa, tomado de la mano de esa muchachita a la que yo misma contraté para que nos ayudara con las traducciones, porque hablaba muy bien varios idiomas y a la que después recibí en casa porque uno de mis hijos la enamoró.

Al principio lo negué. No sólo a los periodistas que me hacían preguntas, no sólo a los conocidos que me miraban con lástima, sino incluso a mí misma: Es una amiga de la familia dije, pronto será la prometida de mi hijo menor dije. Pero ahora he tenido que aceptar la verdad. A mi pesar, porque la he encontrado en todas partes, en los diarios, en la televisión, en las caras de la gente.

Y sin embargo, estoy dispuesta a perdonar. Tengo sesenta y tres años, soy tu esposa y la madre de tus hijos. Quiero que vuelvas a casa, que olvidemos lo que ha pasado y que todo sea como antes. Yo te quiero Luciano, y te he querido siempre. Regresa por favor.

Tuya, Elsa.

❖

Escribir esa carta me costó un gran esfuerzo. Pulí, borré y rompí hojas hasta que por fin quedó en el tono en que imaginaba yo a la esposa abandonada que se dirigía al marido para recomponer su matrimonio. Cuando ya me pareció que estaba lista, la metí en un sobre y la mandé a la dirección del periódico que recibíamos en casa, con una nota:

Milán, oficina de los abogados Pesci y Pesci.
Distinguido señor director,

Por instrucciones de la señora Elsa Panzacoti, envío a usted esta misiva solicitándole de la manera más atenta, se sirva publicarla en su prestigiado diario. Se trata de lo siguiente: el señor don Luciano del mismo apellido, célebre barítono ampliamente conocido, se encuentra vacacionando en una playa mexicana pero desconocemos su dirección y es de suma urgencia que se entere de lo que aquí se dice a la brevedad posible. En atención a sus lectores, hemos traducido el texto al español, pero no hay problema dado que la señorita que lo acompaña y que es su secretaria, es una excelente traductora y se lo podrá leer.

En espera de contar con su solidario apoyo, le transmito el sentido agradecimiento de la señora Panzacoti. Y seguía una firma ilegible.

Para mi sorpresa, dos días después vi que la publicaban y en la primera plana. Decía: Carta de la esposa de Luciano Panzacoti a su marido, gran exclusiva de este diario. Eso me animó a escribir otra vez:

Milán, Casa del Bel Canto.
Querido Luciano,

No puedes imaginar mi dolor. He estado postrada sin ver a nadie, llorando y tratando de entender qué fue lo que sucedió. ¿Por qué, si picado por el gusanito ese que les da a los hombres cuando sobrepasan la mitad de la vida y creen que es la última oportunidad, por qué pregunto, si querías tener una aventurilla, no lo hiciste con discreción como tantas y tantas personas en el mundo? ¿por qué en lugar de respetarme después de todos estos años, decidiste humillarme haciendo pública tu historia y por si eso no bastara, asegurando que habías por fin encontrado el amor?

Estoy deshecha querido mío, sin fuerzas para enfrentar al mundo, avergonzada ante mis hijos y ante nuestros amigos y conocidos, ofendida en lo más hondo de mi ser. Por favor, en nombre de todo lo que construimos juntos, dí algo, no me dejes así en este silencio.

Tuya, Elsa.

❖

De nuevo metí la carta en un sobre y la mandé al periódico. Y de nuevo, dos días después salió publicada en la primera plana. Decía: La semana pasada ofrecimos a nuestros lectores la primicia mundial de la misiva que la señora Elsa Panzacoti envió a su marido, el famoso barítono Luciano del mismo apellido y que nosotros recibimos por un conducto que no podemos divulgar. Ahora presentamos a ustedes la segunda parte de este caso que ha despertado interés en todo el mundo. Y les informamos que la cadena internacional Redes del Periodismo ha adquirido los derechos de estos textos para reproducirlos en diarios de Estados Unidos, Italia, Francia, Alemania, Inglaterra, España, Brasil, Argentina, Japón, India e Israel. Esa misma tarde volví a escribir:

Milán, Casa del Bel Canto.

Querido Luciano,

El tiempo pasa y no recibo respuesta tuya. Quizá no te has enterado de mis cartas, aunque me parece difícil dado que han sido muy difundidas. Tuve que hacerlo así porque no sé dónde te encuentras.

Y ahora escribo de nuevo porque he estado recordando, recorriendo en mi memoria cada instante de nuestro matrimonio. Dime querido, ¿soy yo la culpable? Quiero saber qué es lo que hice mal, quiero saber qué te faltó aquí para que hayas ido a buscarlo en otra parte. Por favor, si en algo me equivoqué te pido perdón y lo hago frente al mundo, con tal de que vuelvas. Te lo ruego, regresa a casa, por favor.

Tuya, Elsa.

❖

En la Casa para Locas no se hablaba de otra cosa. Los médicos y las secretarias, las pacientes y las enfermeras, el personal de limpieza y los visitantes, todos habían leído las cartas o habían oído hablar de ellas. Algunas de mis compañeras sentían compasión por la esposa, otras se ponían del lado del hombre. Pero a la amante todos coincidían en considerarla una arribista, interesada sólo en la fama y la riqueza del cantante.

Y el asunto crecía día con día, conforme las misivas iban siendo publicadas en diversos diarios del mundo. Entonces me puse a escribir:

Milán, Casa del Bel Canto.

Estimado Luciano,

Estoy ahora más tranquila y he podido pensar con cuidado. Ya no tengo la disponibilidad al perdón que te ofrecí al principio de este escándalo, pues la humillación ha sido demasiado grande. Ni siquiera siento que yo sea la culpable de tu proceder como creía hasta hace unos días. Al contrario, en las últimas semanas han venido a mi mente recuerdos que me desgarran de momentos de nuestro matrimonio en que debí separarme de ti. ¿Te acuerdas cuando desapareciste un mes completo y nunca dijiste a dónde habías ido? ¿y cuando encontré en tu saco la nota de una joyería que daba fe del pago de un carísimo collar sin que nunca me dieras una explicación satisfactoria? ¿y cuando negociaste por tu cuenta con los del Covent Garden para que te entregaran a ti directamente el cheque por las dos representaciones de Madama Butterfly, siendo que siempre era yo la que se encargaba de los cobros y pagos?

Me duele pensar que por más que te lo suplicamos tus hijos y yo, nunca quisiste tomarte tiempo para vacacionar, siempre dijiste que la playa no te gustaba, que el sol y la arena y el agua salada te picaban en la piel. Me rompe el alma haber cortado de tajo mi carrera como soprano, haberla abandonado para apoyar la tuya. Y me pone furiosa cuando pienso en aquella vez que me enamoré perdidamente del director de la orquesta del conservatorio de Moscú y decidí quedarme con él. Estaba yo entonces en mi mejor momento, joven, hermosa, alegre, pero tus llantos y súplicas y promesas me desarmaron y volví a tu lado.

Te escribo porque es necesario resolver de una vez por todas este penoso asunto. No podemos seguir así, sin definición. Por favor, ponte en contacto conmigo para negociar el divorcio, que por lo visto es ya la única salida para nosotros. He recibido muchas cartas de personas de todo el mundo que me ofrecen su apoyo y consejo. Una asociación norteamericana de abogadas está dispuesta a realizar los trámites sin cobrar un centavo y un grupo de feministas italianas está haciendo publicidad para que la gente me envíe dinero por correo a fin de que pueda yo cubrir los gastos del juicio. Por favor, responde cuanto antes, donde sea que te encuentres.

Te saluda, Elsa.

P.D. Espero que no te hayas olvidado de la promesa que le hiciste al príncipe heredero de Inglaterra de cantar en el cumpleaños de Su Majestad.

❖

Una semana después de la publicación de esta carta, en el noticiero de la noche vimos a la señora Elsa Panzacoti, que ofreció una conferencia de prensa a la que asistieron periodistas y

cámaras de televisión de todo el mundo. En ella aseguró que jamás había escrito las cartas en cuestión y que iba a dar inicio a una investigación sobre el paradero de la persona que lo había hecho, para proceder en consecuencia. Entonces escribí:
Milán, oficina de los abogados Pesci y Pesci.
Sr. Luciano Panzacoti,

En vista de que no hemos tenido noticias suyas, le comunico que he contratado los servicios de dos distinguidos juristas quienes se encargarán de llevar a cabo nuestro divorcio. Dado que, como es de conocimiento público, fue usted quien abandonó el hogar conyugal y nunca se volvió a poner en contacto conmigo ni con mis hijos, y dado que fue usted quien dio lugar a una vergonzosa situación de adulterio, dicho procedimiento se hará en mis términos y a mi conveniencia.

Por ello le informo que todo lo que tenemos, es decir, las casas, los autos, las joyas, las inversiones y el efectivo serán para mí, dado que fueron adquiridos durante los treinta y cuatro años de nuestro matrimonio, tiempo durante el cual me dediqué de manera total a apoyar su carrera y por tanto me fue imposible seguir la mía y ganar mi propio dinero. Y considerando que ya es demasiado tarde para empezar, esto es lo justo y correcto. En adelante, lo que usted gane con los muchos contratos que tiene firmados para representaciones y grabación de discos, será íntegramente suyo y yo no tendré ningún derecho sobre ello.

Esta es mi decisión inapelable y los abogados han procedido a actuar. Le comunico que sus hijos están de acuerdo con mi proceder.
Atentamente, Elsa Cansini.

❖

¡La señora se enojó! decía el encabezado del periódico al que mandé la carta. ¡Ahora está decidida a pelear y quitarle todo! ¡Así se va a cobrar la humillación!

En la Casa para Locas todo mundo andaba muy alterado comentando los pormenores del caso. Sobre todo cuando a los pocos días, apareció publicado en el mismo diario un citatorio que enviaban los abogados de la señora Elsa, acusando a quien escribía las cartas y profiriendo toda suerte de amenazas si no hacía pública su identidad.

Entonces sentí miedo. Lo que había empezado como un juego era ahora un escándalo internacional. Escribí:
México, D.F., Casa para Locas de Nuestra Señora del Buen Consejo, Institución Privada de Salud y Rehabilitación.
Distinguidos señores,

Soy yo, la abajo firmante, la autora de las cartas a las que indebidamente presenté como si fueran de doña Elsa Cansini. Lo hice porque el abandono de su esposo conmovió mi corazón y quería ayudarla.

Atentamente, E. Susana M. De Lara viuda de Reyes Luján.

La E. la puse porque había decidido agregar el nombre de la señora al mío, tal era mi identificación con ella. La M. la puse en lugar del Martínez porque ya no quería usar el apellido de mi padre y en cambio sí el de mi difunta madre. Y lo de viuda, porque aunque José Antonio todavía estaba vivo, yo de hecho lo era.

❖

También esta carta salió publicada en primera plana con ocho columnas que gritaban ¡Fraude!

Esa misma tarde el director de la institución nos llamó a todas y en voz alta y con gran enojo regañó, manoteó, culpó, insultó. Mis compañeras y las enfermeras me miraban incrédulas, pero a mí me pareció que me admiraban.

Ocho días más tarde, estaba yo encerrada en el cuarto de castigo solitario al que me habían confinado, sin derecho a salir y con un solo alimento frío al día, cuando en persona vino el doctor por mí. La señora Elsa se ha presentado en el manicomio y exige verla a usted, dijo. Y dijo: Se ha armado un revuelo gigantesco y muchísimas personas se apiñan a las puertas de la Casa con cámaras y grabadoras. Espero que en esta ocasión sea usted prudente.

Cuando salí a la calle, me deslumbraron las luces que me echaban encima los fotógrafos y camarógrafos y la policía tuvo que protegerme de entrevistadores y curiosos y abrirle paso a la señora que se me acercó. Era una mujer rechoncha, que llevaba el cabello en tono café claro recogido en un chongo y un traje sastre blanco muy bien cortado. La acompañaban sus cuatro hijos, apuestos aunque también rechonchos, enfundados en impecables trajes oscuros.

El doctor Alfonso me presentó. Apenado dijo: Ella es la responsable de todo el lío. Y dijo: En nombre de la clínica de Nuestra Señora del Buen Consejo le ofrezco a usted disculpas, pues no estábamos enterados de que la interna estuviera haciendo lo que hizo. Ya se han tomado medidas para evitar este tipo de situaciones en el futuro. En adelante no se permitirá a las enfermas leer ni escribir. Apenas terminó de hablar, quiso darle la mano a la señora, la que sin embargo ella no tomó. Lo que hizo, para sorpresa de todos, fue acercarse a mí y abrazarme. Con lágrimas en los ojos me agradeció por haber dicho con tanta claridad la verdad de sus sentimientos, que en efecto habían ido cambiando desde la incredulidad hasta la disposición a perdonar y desde la culpa hasta el enojo. Y sobre todo, me agradeció por haberle dado la idea de cómo resolver el divorcio. Dijo que ella había pensado pedir nada más doscientos millones de dólares pero que al leer mi propuesta sus abogados decidieron hacer exactamente lo que yo decía y así lo habían hecho y habían ganado el juicio. Y dijo también que gracias a mí había recibido el apoyo de miles de mujeres en el mundo y que por eso ahora venía a hacerme entrega de lo que consideraba que en justicia me correspondía.

Y diciendo y haciendo, me puso en las manos un cheque por tantos miles de dólares que ni siquiera sabía yo leerlo. Y antes de irse insistió en que debían dejarme salir de esa institución puesto que yo era una gran escritora que tenía que seguir ayudando al mundo con mis maravillosas ideas.

❖

Fue así como salí del manicomio, fue así como me volví rica y fue así como me hice escritora.

Enjambres de editores y agentes literarios me empezaron a perseguir con contratos magníficos para futuros libros. Escritores me ofrecieron sus servicios para hacer por mí el trabajo y que yo lo firmara. Señoras de sociedad querían venderme sus ideas. Reporteros y comentaristas pagaban por entrevistarme. Y montones de personas insistían en saber de mí, en acercarse, preguntarme, pedirme que leyera sus textos, inscribirse conmigo en cursos y talleres.

Lo primero que hice, fue rentar un departamento. Elegí un tercer piso en la colonia Valles, desde donde se veían las copas de los arboles. Lo amueblé con una cama, un sillón, dos sillas y una mesa, sobre la cual coloqué la máquina de escribir en la que me dispuse a trabajar. Estaba lista para cumplir con mi nuevo destino.

Pero el problema es que no salía ni una letra, no se me ocurría nada, ni una sola idea.

Le eché la culpa al teléfono que sonaba, a la puerta que se abría y cerraba para recibir un montón de paquetes y toda suerte de invitaciones, al ruido de la calle en la que habían acampado los periodistas con sus micrófonos y los fotógrafos con sus cámaras, al asedio de la televisión en la que se contaban toda clase de historias sobre mí y en la que especialistas en sicología y en literatura analizaban mi caso. Y sobre todo, le eché la culpa a los críticos, principalmente a un señor que se llamaba Luis Vargas de la Serna, cuya palabra era sagrada entre los intelectuales y que andaba diciendo que mi escritura no constituía ninguna promesa, que todo el asunto no era sino un montaje publicitario.

❖

El fin de semana se presentó a mi puerta un hombre gordo que lucía espesa barba blanca y que se ostentó como mi representante. Aunque yo nunca lo había visto, me exigió ver los avances de mi Trabajo en Proceso, como anunció pomposamente. Dado que no había tal y yo no me atrevía a decírselo, arranqué de una revista para mujeres que guardaba en el baño, un relato divertido sobre la tía de una escritora que a los sesenta años decide conseguirse un amante y se lo leí. Al hombre le encantó y yo salí airosa del compromiso. ¡Cuál no sería mi sorpresa cuando la semana siguiente volvió para que le leyera lo que también pomposamente llamaba Más Avances De Mi Magnífico Texto!

Entonces no se me ocurrió nada mejor que otra vez leerle el mismo relato que de pura casualidad no había tirado a la basura y que de nuevo lo dejó muy contento, como si nunca antes lo hubiera escuchado. Y así seguimos durante varias semanas: él venía, yo leía el mismo cuento y él se iba encantado, frotándose las manos por lo que aseguraba sería una gran novela con la que ambos nos haríamos ricos.

❖

Una madrugada de esas que pasaba en vela tratando de escribir sin lograrlo, decidí salir a tomar aire fresco. Al pasar por el estacionamiento del edificio, vi que el auto de uno de mis vecinos tenía puestas las llaves. Me subí y me fui a dar vueltas por la ciudad.

Mucho rato anduve por las calles a esa hora desiertas, con las ventanas abiertas para respirar a todo pulmón.

En una esquina, mientras el semáforo estaba en rojo, se acercó una niña. Tendría unos siete, ocho años, iba descalza, la cara somnolienta, la ropa llena de agujeros, los brazos con una suciedad histórica, el largo cabello enmarañado. Cargaba una botella de agua jabonosa y me ofreció limpiar el parabrisas. No gracias le dije, pero de todos modos, antes de que yo pudiera reaccionar, se trepó sobre el cofre y echó su líquido sobre mi vidrio.

Una furia enorme me invadió. Como energúmeno salí del vehículo y me le fui encima a golpes e insultos. Luego la agarré de la cabeza y con sus cabellos sequé el vidrio mojado. La pequeña lloraba y gritaba mientras mi mano la restregaba, como si su pelo fuera una jerga.

Un montón de escuincles salidos de quién sabe dónde se acercaron y me empezaron a jalar y a gritar, suéltela decían, déjela, la va a matar. A ellos también les tiré patadas y manotazos, les di mordidas, los insulté. El forcejeo duró un largo rato, hasta que pudieron arrebatarme a su amiguita y salir corriendo.

Me quedé entonces sola, parada a media calle, en plena noche. Todo estaba en silencio menos yo, que empecé a gritar que estaba harta de que fueran violentos conmigo y que de hoy en adelante yo también sería violenta con los demás. Grité y grité hasta quedar afónica. Luego me subí al coche y regresé a casa.

❖

Me di cuenta entonces de que iba a volverme loca. Y como no quería que eso sucediera para no tener que volver a la casa de salud, puse manos a la obra para salvarme y encargué un anuncio en el periódico que decía: Se solicita doble.

Cuatro personas respondieron. Dos veinteañeras, una señora de sesenta años y un muchacho en sus treintas. Con cada uno hablé largamente. Al muchacho lo descarté aunque estaba dispuesto a vestirse de mujer, lo mismo hice con la señora mayor aunque me encantó porque era sensata y formal y elegí a una de las chicas, porque rebosaba energía pero sobre todo, porque le encantaba posar para las cámaras, que era lo principal que los medios esperaban de una escritora.

Durante una semana completa me dediqué a contarle a Laura, que así se llamaba, lo que quería que supiera de mi vida. Le mostré lo que me gustaba comer y vestir, mis expresiones favoritas y algunas de mis manías. Ella por su parte, se lo aprendió todo y se mostró feliz de imitarme. Mientras yo tenga este trabajo le aseguro que nadie, absolutamente nadie la molestará dijo. Y dijo: Además estoy dispuesta a llamarme Elsa Susana y a olvidarme de mi propio nombre, el que me dieron mis padres al nacer.

❖

Encerrada en mi recámara, me esforzaba por conseguir que alguna letra llegara al papel, cuando escuché sonar el timbre. Eran unos toquidos largos e insistentes, más desesperados que los que acostumbraban dar el representante literario y los periodistas. Mi doble abrió la puerta mientras yo me escondía en el baño como habíamos acordado.

Eran nada menos y nada más que mi padre y mi hermano mayor que me buscaban. Estaban muy alterados y preguntaron por mí en un tono poco cordial. Llevamos años tras de ella dijeron, esta vez no se va a escapar.

Pero la chica no se inmutó. Con toda tranquilidad dijo: Disculpen ustedes pero debe haber un error. En efecto aquí vive Susana Martínez de Lara pero soy yo. Y dijo: ¿Saben los señores que en este país hay, según datos oficiales del Instituto Electoral, dos y medio millones de personas que tienen exactamente los mismos patronímicos? Y diciendo y haciendo, les mostró fotografías de los periódicos en las que aparecía sonriente, su foto y mi nombre, con el agregado claro está, del Elsa.

Los escuché abatidos disculparse. Si supiera cuánto la hemos buscado dijo mi padre, pero por más esfuerzos que hacemos no damos con ella, simple y sencillamente desapareció, igual que su madre.

Mi doble los invitó a sentarse y les sirvió café. Estaba encantada oyendo una historia que yo no le había relatado. ¿Así que la madre de su hija desapareció? preguntó curiosa. Bueno, respondió él, eso ella no lo sabe, nunca le dije la verdad a nadie, apenas ahora se la hice saber a mis hijos varones. En aquel momento le contamos a la gente que Esperanza había muerto por causa del parto, pero no fue así. Como usted es ajena a la familia se lo puedo decir: La primera vez que dio a luz, el asunto se complicó y los gemelos murieron por incapacidad de la comadrona, así que en adelante, cada vez que iba a nacer un hijo, la llevaba a un hospital de lujo en la capital. Cuando fuimos por la niña, en la sala de espera alguien había olvidado un libro que se llamaba La liberación de las mujeres. Y entonces ella, que jamás había sostenido una hoja entre las manos, lo empezó a leer y ya no hizo ninguna otra cosa más que seguir leyendo a pesar de que le faltaban varias páginas, y en cuanto volvimos a casa, me dijo que ya no estaba dispuesta a ser ni mi esclava ni mi adorno ni mi objeto sexual. Y un día simplemente se fue y nunca volvimos a saber de ella.

Como podrá usted imaginar, me puse muy mal ¿cómo era eso de que una mujer me abandonaba a mí, el ranchero más poderoso y rico de la región? Era una vergüenza muy grande. Por eso no me atreví a contar la verdad, preferí decir que se murió. La gente vino a darme el pésame y hasta hice la faramalla del entierro y las misas. Total, que para mí era como si estuviera muerta.

¿Y cómo le hizo con los hijos? preguntó mi doble que ya para entonces moqueaba compungida. Bueno, respondió mi padre ya entrado en confidencias, primero los odié, porque me la recordaban y me echaban en la cara mi fracaso. Sobre todo a la niña, por eso no le quise poner el nombre de su madre ni ninguno de los que se usaban en nuestra familia. Es más, no la registré y durante meses no se llamó de ninguna manera hasta que alguien le empezó a decir Susana y así se le quedó. Y fue un amigo mío, de nombre Lacho, el que la llevó a bautizar. Pero de todos modos, no me quedó más remedio que morderme el orgullo y pedirle a la madre de Esperanza, porque la mía ya estaba bajo tierra, que se viniera a vivir con nosotros para ayudarme.

Esa mujer estaba enojada conmigo porque yo me había robado a su hija, un primor de muchachita lo que sea de cada quién, me la había llevado a la fuerza porque cuando se las pedí no me la quisieron dar. Y es que yo no les gustaba para emparentar, pero de todos modos no pudieron hacer nada porque yo era muy poderoso, muy rico. Aún así, al momento que la llamé, supo aprovechar la situación y pensó que más valía aceptar con tal de estar cerca de los nietos a los que de otro modo nunca habría visto. Tampoco a ella le dije la verdad, aunque a las claras me hizo ver que no me creía lo de la muerte, decía que quería ver el cadáver y yo argüía que ni modo de sacarla de la tumba.

Para cuando llegó a esta parte de la historia, mi padre ya era un mar de lágrimas. Yo nunca lo había visto ponerse sentimental, es más, conmigo se enojaba si lloraba, hizo todo lo que estuvo en sus manos para quitarme esa que llamaba la peor costumbre de las mujeres, pero seguro ahora era así porque ya estaba viejo. Mire usted dijo, daría lo que me queda de vida por encontrar a mi hija ¿sabe por qué? porque quiero contarle la verdad, ya ve, la sangre es la sangre y ella también abandonó al marido y desapareció de la faz de la tierra, sin siquiera saber que ese modo de ser no lo inventó sino que lo heredó.

Mucho rato estuvieron sentados mi padre y mi hermano en la sala de mi casa, conversando con mi doble que la verdad sea dicha, jamás me traicionó. Cuando se fueron quedó en el aire el olor de la loción que usaba mi hermano Raúl.

❖

Pero de todos modos, mi escritura no fluía. Pensé que lo mejor sería irme lejos, a algún lugar tranquilo donde la imaginación pudiera soltarse y donde mi padre no diera conmigo, no fuera a ser que siguiera buscando. Así que abrí un mapa que mi doble compró en la papelería, elegí al azar un pueblo y para allá me fui.

En cuanto llegué, busqué el hotel más retirado y pedí una habitación solitaria en la parte vieja del edificio, la que ya no se usaba. No había televisión ni teléfono, pero sí una buena mesa para escribir. Y desde el primer momento establecí una rutina: levantarme temprano, trabajar todo el día y por la tarde salir a comer y a caminar.

Sin embargo, la escritura seguía paralizada. Decidí entonces evitar las distracciones y no salir más. Para no caer en tentación, solicité a la administración que pusieran un candado sólido al otro lado de la puerta y que una vez al día me pasaran mis alimentos a través de la ventana.

Pero ni así. Por más que trataba de concentrarme, de recordar las historias que se me habían ocurrido cuando era recamarera en el Hotel Lucerna, por más que quería imaginar la vida de la señora Elsa después del divorcio o la de mis compañeras de la Casa para Locas antes de que las encerraran, no se me ocurría nada. Durante horas me quedaba sentada frente al papel pero ninguna idea llegaba, ninguna palabra.

Un día no apareció la recamarera con las sábanas y toallas limpias. Otro día no recogieron la basura. Y por fin, se olvidaron de traer los alimentos. Como a la semana cortaron el agua y la luz.

Primero me enojé y después me asusté. Grité, hice toda clase de ruidos, rompí el vidrio de la ventana del baño y golpeé con una silla los barrotes de la puerta de entrada, pero nadie me oyó. Me había quedado encerrada, olvidada por todos, abandonada en el fin del mundo.

❖

No sé cuánto tiempo pasó, pero ya sentía la lengua pegada al paladar y el estómago pegado a la espalda, con retortijones que me hacían aullar de dolor. De día sentía mucho calor y de noche el frío calaba los huesos. No tenía fuerzas para moverme, permanecía echada en la cama, esperando la muerte.

No sé por qué, pero se me empezó a recordar mi infancia, la abuela y la nana, mi perra que me seguía a todas partes, los plátanos fritos con azúcar y canela que me daban para desayunar y los mangos jugosos que comíamos a media tarde, cuando bajaba el sol. Me acordé del olor de la madera de los muebles en la sala y del de la lluvia cuando empapaba las losetas de barro del patio, con sus enormes macetas sembradas de helechos.

Nunca me dejaron bailar ni montar a caballo, porque las mujeres no hacen esas cosas decía mi padre, nunca pude ir a corretear por los campos ni a nadar a los arroyos porque a tu cuerpo no le alcanzan las fuerzas decía mi abuela, quién te manda ser como la flaca de los cuentos que nos trae papá de la capital decía Raúl, como las niñas que se mueren en las películas decía la Pancha.

❖

Hasta que un día tiraron la puerta y un montón de policías entró corriendo a la habitación. No reconocí a la persona que se acercó a mí y me zarandeó. Mujer, soy José Antonio tu marido dijo, pero era un gordo al que yo nunca antes había visto. De todos modos me dejé abrazar por él porque no tenía fuerzas para evitarlo. Estás viva, decía, Bendito Dios que estás viva. Tras él entró un hombre que quería tomarme declaraciones, pero yo estaba demasiado débil para hablar y por lo demás ¿qué podía declarar?

Me llevaron a un hospital, me depositaron en un cuarto con paredes verdes, me clavaron una aguja en el brazo y me conectaron a un suero que goteaba su líquido transparente hasta mí. Cada vez que abría los ojos veía caras compungidas que no conocía. Lo único que me tranquilizaba era mirar mis dedos de los pies, que seguían tan hermosos como siempre. Hubiera sido mejor, en lugar de ser escritora, haber anunciado huaraches.

❖

Cuando me sentí mejor, me llevaron a mi departamento de la colonia Valles. No lo reconocí por los arreglos que le había hecho mi doble. Allí estaba el hombre que insistía en que yo hiciera declaraciones y el gordo que decía ser mi marido. Éste dijo: La chica a la que contrataste para representarte se tomó tan en serio el papel, que ahora no sólo se siente tú sino que está convencida de que lo es. Además de salir en la televisión, de dar entrevistas para los periódicos y de recibir a las personas que te quieren ver, ha empezado a mandar relatos a las revistas y a firmar contratos de novelas con las editoriales, todo con tu nombre. Por supuesto paga con tus cheques, gasta grandes sumas para comprarse ropa y hasta se ha hecho documentos oficiales con su nueva identidad. Pero el colmo fue cuando pretendió venirse a vivir a la casa y hasta me propuso hacer el amor los sábados en la tarde. Eso ya me pareció demasiado y entonces te busqué para pedirte que pusieras fin a la farsa. Y fue cuando me di cuenta de que estabas desaparecida. Convencida de que ella te había secuestrado, hice una denuncia y ayudé a la policía a encontrarte. Ahora es necesario tomar medidas contra esa mujer, es un milagro que estés viva.

Como yo no estaba en condiciones de explicar nada, firmé los papeles que me pusieron enfrente y di por terminado el asunto.

❖

Me sentía cansada, enojada y triste. No quería ver a nadie ni hablar con nadie. Recordé que todavía tenía a mi disposición una dotación de papas fritas y refrescos de cola que había ganado hacía miles de años en un concurso y contraté a una mudanza para que fuera a la azotea de doña Luisa donde seguían, muy envueltos en sus plásticos, esperándome.

Luego me encerré a piedra y lodo, desconecté el teléfono y me dediqué a vivir mi depresión: mañana y tarde, moda y noche, madrugada y medio día, comía yo frituras, bebía aguas azucaradas con gas y miraba la televisión.

Y así estuve, así me quedé, sin moverme, sin pensar, sin salir.

❖

En la pared de la sala, con un lápiz labial que había comprado alguna vez en un puesto de una esquina, escribí: el tiempo pasa. el árbol de la calle se ha quedado pelón, sin una hoja, sin una flor. yo también me estoy secando.

Me gustó como se veían las letras rojas y lo volví a escribir, igualito, en la pared de mi recámara: el tiempo pasa. el árbol de la calle se ha quedado pelón, sin una hoja, sin una flor. yo también me estoy secando.

Y en el espejo del baño y sobre el refrigerador de la cocina y en las ventanas. En todas partes escribí lo mismo con mi lápiz labial.

❖

Las vecinas murmuran atrás de la puerta, tocan con cualquier pretexto, quieren saber qué sucede aquí dentro. Las oigo decir que un mal olor sale del departamento o que debo pagar mi consumo de gas. Una anuncia que vende galletitas hechas en casa, pregunta si las quiero probar, otra me avisa que va al mercado, quiere saber si algo se me ofrece. Alguien me asegura que es médico, por si me siento mal o me propone traer un sacerdote, por si necesito consuelo. Pero yo ni contesto ni abro.

Hay bolsas y latas vacías tiradas por todas partes, pero no tengo fuerzas para recogerlas. La televisión está siempre prendida, su luz blanca hace que el aire se vea espectral, que mi piel se vea espectral. Ojalá tuviera una de esas pantallas grandotas en las que uno se sume y se pierde.

Los días son cortos, anochece temprano. Tengo las piernas y los párpados hinchados, siento agruras, la lengua está escaldada, mi sudor y mi saliva saben a sal. Y me duele la cabeza, me duele mucho, me duele constantemente.

Los días son largos, no duermo bien, como que no me acomodo en mi piel, como que no me hallo con la vida.

❖

He empezado con las pastillas porque quiero quitarme la opresión en el pecho y el hoyo en el estómago. Las encontré en el cajón de mi doble: un montón de pepas, de todos tamaños y colores. Tomo unas para dormir y otras para despertar, unas para tener energía y otras para tranquilizarme, unas para nutrirme y otras para quitar el efecto de la grasa frita y muchas más que ni idea tengo de para qué sirven.

Hay días en que me puedo tragar ocho, doce, quince pastillas y de todos modos el miedo sigue allí, carcomiéndome las entrañas. El maldito miedo.

❖

Una tarde veo que echan bajo la puerta un trozo de papel. Queda allí tirado con los recibos de mantenimiento y teléfono, con los anuncios de ofertas de la farmacia y de servicio a domicilio de la salchichonería. Es de papel delgado con enormes letras negras. Dice: A ti que votaste por el Partido de la Izquierda Organizada, a ti que nos confiaste, te convocamos ahora a ser coherente con tus ideas y apoyar a nuestros compatriotas. Asiste a la reunión del próximo lunes, en la que se va a dar un informe de la situación en Chiapas y se van a distribuir las tareas más urgentes. La cita es en Cerro del Tulipán número 12, 7 p.m. No faltes. Y escrito a mano con tinta roja: Hoy.

Debo haber leído ese papel unas cien veces. Cerro del Tulipán, tareas urgentes, ser coherente, no faltar.

Me quité entonces la ropa que llevaba encima, que olía tan mal como yo, porque en todo este tiempo no me había lavado ni cambiado y como todavía no tenía ganas de hacerlo, me puse el grueso abrigo que me regalaron en la Casa para Locas y que me gustaba por su parecido con uno que iba en mi ajuar de novia cuando salí del rancho de mi padre, y me fui para allá.

❖

Había muy poca gente en la reunión de Cerro del Tulipán. Era un cuarto enorme, helado. Un hombre con la camisa y la cara arrugadas, informó del estancamiento de las negociaciones y responsabilizó al gobierno. Los demás discutieron largamente sobre formas para juntar dinero, alimentos y medicinas para los alzados y para las comunidades. Alguien dijo que había rumores de que el Presidente de la República iría de gira en estos días. Y por fin se preguntó quién quería acompañar al grupo de activistas españoles que visitarían la zona del conflicto para luego contar en Europa sus impresiones.

Fue así como esa misma noche me encontré en un camión con cuarenta jóvenes que hablaban sin parar, con un acento pesado lleno de eses y zetas y unas palabras de las que yo no entendía ni la mitad aunque fueran en castellano.

Durante dos días y medio viajamos por una carretera que por momentos eran tan recta que daba sueño y por momentos tan curvada que daba náuseas. Estoy ansiosa por conocer a los indios decía uno, cuentan que son muy pequeños. Querrás decir de corta estatura, decía otro, que no es lo mismo. Yo sueño con el subcomandante decía una, me parece muy majo con esos ojazos que le asoman por el pasamontañas y esa pipa que le gusta fumar. Yo prefiero al obispo decía otro, cuentan que el pueblo lo quiere bien y que la jerarquía lo detesta. Yo por mi parte no decía nada, pero pensaba que si de conocer a alguien se trataba, preferiría tener la suerte de que fuera la Primera Dama de la Nación, que era la que hacía los milagros.

❖

Pero ni obispo ni subcomandante ni primera dama conocimos, porque al llegar a nuestro destino, lo que nos esperaba era una comisión enviada por el gobernador, a la que acompañaban soldados fuertemente armados que no nos dejaron ni bajar del camión. No hay permiso para los extranjeros de internarse en la zona dijeron, hay orden de deportación inmediata.

Y diciendo y haciendo, a pesar de los gritos y las amenazas que profirieron los españoles, a pesar de sus advertencias de llevar el asunto a no sé cuántas cortes internacionales, fuimos escoltados hasta el aeropuerto. Y dos horas después, volábamos hacia Madrid, cuarenta escandalosos y enojadísimos jóvenes y yo que por error, había sido incluida en la bola.

❖

El vuelo fue larguísimo. Nunca había ido en avión y me sentía bastante incómoda en esas sillas tan angostas y en ese espacio tan cerrado. Tres veces nos sirvieron de comer, dos veces nos pasaron películas americanas y muchas veces nos ordenaron que ocupáramos nuestros lugares, porque no se podía estar de pie. Bueno, se lo decían a ellos, pues yo jamás me moví de mi sitio y más bien me dediqué a dormitar bien envuelta en mi abrigo.

Cuando aterrizamos, en mi reloj eran las cinco de la madrugada pero había un sol intenso como si fuera pleno día. Una manta decía: Bienvenidos a Barajas. En cuanto salimos del aparato, cientos de personas empezaron a aplaudir y a hacer el signo de la victoria. ¡Bravo valientes! gritaban, ¡Volveremos! respondían los aludidos.

Fuimos empujados por la multitud hasta un templete con micrófonos. Alguien habló del respeto a los derechos humanos, otro del apoyo internacional a las causas justas, uno más dijo que era prioritario proteger a los indios y yo, que no supe cómo fui a dar arriba del escenario, eché un largo y apasionado discurso sobre cómo se estaban quemando los bosques de mi país, dejando a regiones enteras que antes eran selváticas, todas áridas y desoladas. ¿Cómo sabía yo todo eso? Ni idea, pero allí estaban las palabras saliendo de mi boca y contando lo que mis ojos habían visto en el trayecto hacia la selva.

Al principio la gente se sorprendió y hasta hubo por allí rechiflas y gritos de este no es el foro compañera. Pero yo seguí adelante y poco a poco se fue haciendo el silencio. Dije que los incendios eran producto del descuido y el desinterés, pero que no se podía descartar que el fuego fuera también un recurso de los provocadores para expulsar a la gente de sus tierras. Acusé al gobierno de no tener la voluntad de apagarlos y lloré a lágrima viva porque el territorio nacional estaba encendido en llamas o envuelto en humo.

De repente empezó a llover y la gente se dispersó.

❖

Por acá por favor, los autos esperan dijo una voz. Alguien me tomó del brazo y me arrastró hasta el estacionamiento.

Conforme avanzábamos por la carretera que llevaba del aeropuerto a la ciudad, la lluvia arreciaba y no se veía a través del parabrisas. Yo miraba las caras agitadas de mis acompañantes y pensaba que era extraño estar en Europa, el lugar de los sueños de mi abuela y de mi hermano mayor.

El vehículo se detuvo frente a un viejo edificio y todos entramos allí. Eran unas oficinas llenas de gente, con muchos teléfonos y computadoras a las que llamaban ordenadores y en las que nos ofrecieron café y sándwiches a los que llamaban bocadillos.

Pasé la tarde y la mitad de la noche siendo arrastrada de un mitin a otro para repetir mi discurso sobre los incendios. Y siempre la reacción era la misma: una cierta molestia primero y un reverente silencio después. Por fin en la madrugada me quedé dormida sobre la alfombra de algún lugar.

En cuanto amaneció, me levanté y salí. Mis compañeros seguían dormidos regados por el piso, pero a mí me había despertado el calor que por culpa del abrigo, me hacía sentir como en el centro mismo del infierno.

Empecé a caminar y a caminar sin rumbo. Me impresionó el ancho de las avenidas y el tamaño de las plazas, los edificios solemnes y arrogantes que parecían presumir su importancia. En uno de ellos un letrero anunciaba: Ya funciona nuestro nuevo sistema de enfriamiento, y frente a la entrada, esperaba una larga fila de personas a las que me sumé.

Cuando por fin pude pasar, lo que encontré fueron enormes salones con altísimos techos, de cuyas paredes colgaban cuadros y más cuadros en los que aparecían gentes de caras adustas, vestidas de riguroso negro. Como no me gustó, busqué la salida. El guardia me dijo: Nadie había recorrido el Museo del Prado en tan poco tiempo, apenas veinte minutos. Fue menos le respondí, porque los últimos diez estuve perdida en el laberinto de pasillos y puertas que impiden abandonar rápido el lugar.

Seguí caminando a pesar del calor cada vez más fuerte. En un puesto de periódicos unas enormes letras negras llamaron mi atención: Murió el embajador de México en España. En otras más pequeñas: Sufrió un infarto mientras atendía los negocios oficiales a su cargo. Y por fin en unas más chicas: Sus restos serán velados hoy en la sede de la propia embajada.

❖

El Señor Embajador que había pasado a mejor vida, era nada menos que Francisco de la Vega y Vega, mi primer marido. De eso me enteré cuando llegué a la residencia oficial y como hacían todos los presentes, me acerqué al féretro abierto rodeado de cirios en el que yacía su cuerpo.

Mi grito de sorpresa fue confundido con uno de dolor. Un hombre de mediana edad, enfundado en impecable traje oscuro, se me acercó y con un pañuelo empapado en alcohol me limpio la frente. Luego me llevó a un rincón en donde me ofreció una silla y se quedó con mi mano entre la suya, caliente y sudorosa.

Y empezó a hablar. Dijo: Tuvimos aquí al eminente pianista Sebastián Limancia, al que Paco gustaba de invitar con frecuencia. El concierto fue todo un éxito, con la presencia del cuerpo diplomático y la cancillería en pleno, pero él estuvo bebiendo mucho, hablando mucho, contando la fuerte impresión que le habían causado los cuadros del Bosco que había ido a ver ese mismo día por la mañana al Museo del Prado. En la madrugada se sintió mal y ni tiempo hubo de llamar al médico, todo acabó muy de prisa. Luego dijo: ¿No se quiere quitar el abrigo? Cuando lo abrí para enseñarle mi desnudez, se compadeció porque hacía mucho calor. Apenas pase todo el jaleo le conseguiré ropa dijo.

Resultó que ese hombre era el viudo de Paco, al menos eso me dijo. Y resultó que era bastante parlanchín. Decía: Le rogué que dejara el alcohol, que hiciera un poco de ejercicio, por lo menos caminar. Pero era muy necio, hacía siempre lo que le venía en gana, nunca escuchaba a los demás. Y decía: Cuál infarto ni qué infarto, cirrosis pura, eso es lo que se lo llevó. Pero quién puede contra las versiones oficiales. Y decía, ¿Pero de qué sirve decir esto o lo otro si de todos modos está muerto? Hablaba y los dientes postizos bailaban dentro de su boca. Por la coronilla del cabello asomaban tímidas las canas que el tinte oscuro ya no alcanzaba a cubrir.

Velamos todo el día y toda la noche. Entró y salió un mundo de gente, se hicieron guardias de honor, las coronas fúnebres esparcían un olor insoportable a flores dulces y podridas que mi memoria parecía reconocer. Varias veces nos sirvieron café y por momentos hasta creo que nos quedamos dormidos.

Por fin llegó la carroza. Atrás de ella cuatro coches condujeron al personal de la embajada hasta el aeropuerto. Un avión del gobierno esperaba en la pista. Fue así como regresé a mi país, todavía con el abrigo puesto.

❖

Desde entonces empecé a soñar con él. Se me aparecía como el día que nos casamos, con su traje oscuro y su camisa blanca, los cabellos engominados perfectamente peinados y los zapatos brillantes. Y en el brazo, aquel reloj finísimo, juego del mío, que mi padre nos obsequió en la boda.

Luego ya no fue nada más soñar, sino que me dediqué a convocarlo cuando estaba despierta, a toda hora y en todo lugar: en la cama, en la regadera, en la silla, en la alfombra. Lo convertí en el hombre que hubiera querido tener por marido, el que muy sonriente me hacía mujer desabotonándome los vestidos y también el que me quería como en las películas, con besos y caricias. Y ventajas de la imaginación, con él hasta me agradaban los deberes conyugales.

Lo mejor fue que yo podía acelerar o detener la pasión a mi gusto, volver a empezar desde el principio o repetir varias veces el final. Podía dormirme si estaba cansada o dejar que me llegara la ternura y ¡hasta hice dos bastidores de tamaño natural, uno desnudo para que estuviera siempre esperándome entre las sábanas, y el otro vestido para que permaneciera muy sentado en el sillón!

Cuando después de un tiempo la costumbre se instaló en nuestra relación, a quienes empecé a añorar fue a mis hijos. Y entonces me puse a invocarlos a ellos también. Les compré juguetes y golosinas, les cociné todo lo que cuando vivíamos juntos no les di en aras de la salud: grandes cazuelas de antojitos y enormes pasteles. A medio día ponía la mesa muy bonita, con manteles y flores y me imaginaba sus caras de dicha porque no los obligaba a lavarse las manos o a comer el postre después de lo demás. Y en las noches les leía cuentos de los que vendían en el puesto de periódicos de la esquina y los dejaba desvelarse hasta la hora que quisieran. En invierno les tejí suéteres y en primavera les bordé camisas y ¡hasta empecé a desear ir los domingos a pasear a Chapultepec!

❖

Un día no pude más y les llamé. El corazón me latía con fuerza mientras marcaba los números en el aparato. Me contestó una mujer joven. Perdone usted, ¿estará por allí Susanita? pregunté, habla su mamá. Pude sentir la tensión al otro lado de la línea. La voz habló: Soy yo, pero me llamo Guadalupe dijo cortante. Qué barbaridad exclamé al oírla, se me olvidó que el tiempo pasa y que ya no eres una niña. Y dije: Hace mucho que no sé nada de ti ni de tus hermanos, dime por favor cómo eres, el largo de tu cabello, el color de tus ojos, no sé qué haces todos los días cuando regresas de la escuela, ni cómo se llama tu mejor amiga, si todavía tienen en la sala el piano de cola, si te gusta ir a fiestas. Le hice muchas preguntas y ella las contestó todas con monosílabos y en un tono frío y poco cordial: Mi mejor amiga se llama Bertha, los muchachos viven en Estados Unidos, están de internos en un colegio militar, la abuela murió hace casi un año, en las tardes hago las tareas. Pero yo la interrumpía antes de que terminara de hablar, estaba tan nerviosa que pensaba muchas cosas pero las que decía no tenían nada que ver y las palabras brotaban todas revueltas y confusas, como si la cabeza donde nacían y la boca que las dejaba salir pertenecieran a personas distintas. Empecé a decir tonterías, a repetir preguntas que ya había hecho, a hacer bromas que sólo yo entendía. Por fin le pedí que me dejara verla, que viniera a encontrarse conmigo, por favor, si prefería en un lugar público yo estaba de acuerdo ¿qué le parecía el café París? podía ser cualquier tarde, yo la esperaría allí. No te prometo nada dijo, tengo mucho trabajo de la escuela. De todos modos te esperaré dije, ojalá vengas alguna vez.

❖

Desde entonces, día tras día me senté en el café París, desde las tres hasta las ocho, porque mi idea de la tarde empezaba muy temprano y terminaba cuando ya estaba oscuro, no fuera a ser que ella quisiera venir antes o que se hubiera retrasado.

Pero nunca, ni una sola vez llegó.

❖

En cambio, el que apareció fue el viudo. No nos habíamos visto desde aquella vez en España y a los dos nos dio mucho gusto encontrarnos. Se sentó a mi mesa y trató de empezar una conversación. Pero yo no podía. Nada más oteaba el horizonte en busca de mi hija.

Entonces se me quedó mirando fijamente y dijo: Usted está mal señora, permítame ayudarla.

Sus palabras era lo único que me faltaba para soltarme a llorar. A llorar y a llorar sin poder parar, como si los castigos de mi padre por ser sentimental no hubieran hecho más que aumentar mi reserva de lágrimas. Nunca imaginé que mi cuerpo pudiera guardar tantas. La gente nos miraba, los meseros se acercaban a preguntar si queríamos que llamaran a un médico.

El viudo esperó con paciencia a que me tranquilizara. Después suavemente me sacó de allí. Y de todos los lugares posibles a donde dos seres humanos pueden encaminarse, fuimos a meternos nada menos que a la iglesia. La fe es lo único que consuela dijo, debe usted tener fe.

Eso dijo y se fue, dejándome allí para que rezara como lo hacía de niña con mi abuela y la nana.

❖

La religión me abrió las puertas de un mundo desconocido. Me sentí tan bien de rezar, que empecé a ir todos los días a la iglesia y cada día pasaba más tiempo allí. De rodillas frente a la Virgen, vaciaba mi alma, pedía, agradecía.

Diario me confesaba, diario comulgaba. Y cuando anunciaron que lo mismo que año con año, sacarían de su nicho a la venerada imagen para llevarla por la colonia, decidí acompañarla.

Veinticuatro horas del día, durante dos semanas, fui con nuestra Señora de los Dolores, caminando por las calles, hombro con hombro con los peregrinos, entrando en las casas donde la recibían los fieles emocionados. No dormí, no comí, apenas si bebí, me arrodillé junto a ella hasta sangrar, la miré tanto tiempo que terminó por verse borrosa, me flagelé el cuerpo y el alma, entré en trance y en éxtasis, todo gracias a su bendita presencia y a su divina luz. Y cuando regresó a su hogar, le llevé incienso y velas, le ofrecí promesas y mandas y le entregué mis devociones que duraban horas y horas. Vivía yo borracha de fe.

❖

Hasta que una tarde el viudo vino a buscarme y me encontró agotada por el esfuerzo espiritual. No puede usted seguir así dijo, es exagerado lo que hace. Una cosa es la fe y otra la droga dijo. Y diciendo y haciendo, me tomó de la mano y me llevó a la reunión de un grupo llamado Religiosos Anónimos.

En un cuarto pequeño y mal iluminado, encontré a varios hombres y mujeres, jóvenes y viejos, pobres y ricos, gordos y flacos, que lo mismo que yo, vivían en el arrebato místico pero que a diferencia de mí, consideraban que era necesario dejar de tenerlo porque, decían, este modo de creer era cosa del diablo. Por estar rezando no me di cuenta de que el hijo se me ahogaba decía uno, por irme a la peregrinación no me pudieron localizar para avisarme del accidente de mi padre decía otro, por hacerle la fiesta al santo no tuve para pagar los quince años de mi niña decía un tercero.

Muchas noches, de la mano de mi amigo, acudí puntual a la cita de los RA, y aunque jamás me atreví a hablar, conforme fui escuchando a los otros me fui aliviando de mi mal.

La religiosidad se me salió completamente del cuerpo el preciso día en que una joven vino a despedirse del grupo y dijo: Estoy en paz, no tengo deudas con Dios. Entonces me di cuenta de que yo sí las tenía, pero que era Él quien me debía a mí.

❖

Y entonces volví al café. Pero ya no para esperar a mi hija, sino para estar con el viudo, mi amigo tan querido.

Empezamos a pasar mucho tiempo juntos. A veces permanecíamos callados toda la tarde y otras no cerrábamos la boca, contándonos los detalles de nuestras vidas.

Me platicó de su gran amor por Paco, que había empezado desde niños. Éramos vecinos, hijos de familias de buena posición dijo. Cuando mi padre murió me dejó efectivo, bienes raíces y acciones de una fábrica de pinturas, pero en lugar de ocuparme de los negocios, invité a mi novio a una isla en los mares del sur, donde nos instalamos en unas cabañas preciosas y vivimos por todo lo alto. Pasábamos el día en la playa y la noche en el casino, comíamos y bebíamos y comprábamos y nos divertíamos.

La enorme fortuna alcanzó para diecisiete meses y tres semanas. Cuando regresamos a México estaba yo en la ruina. Mi madre tuvo que irse al asilo y mis hermanas se vieron forzadas a emigrar, porque la situación las dejó sin posibilidad de conseguir marido.

A Paco su padre lo perdonó, y como tenía muchos conocidos lo pudo colocar en el Servicio Exterior. Pero cuando se enteró de que seguía viéndose conmigo, lo desheredó y le prohibió a la familia que volviera a tener contacto con él. Su madre, doña Lilia, murió de tristeza porque adoraba a su hijo.

Como el sueldo de consejero consular no nos alcanzaba para vivir a nuestro gusto, y como yo no trabajaba —nunca lo he hecho ni lo haré, es algo que abomino— planeamos casarlo con la hermana de uno de sus compañeros de trabajo en la Secretaría, una muchachita a la que había visto una vez cuando lo invitaron a pasar un fin de semana en el rancho de esa familia, por cierto riquísima. Pensábamos así resolver nuestro problema económico y seguirla viviendo en grande, pero desgraciadamente las cosas no salieron bien, porque esa chica que parecía tan inocente, desapareció a los cuantos días del matrimonio y nunca la volvieron a encontrar. Y encima de todo nos llevamos una golpiza brutal del padre y el hermano, que cuando se enteraron de lo que había sucedido, nos buscaron hasta encontrarnos y nos mandaron al hospital con varios huesos rotos, sin un solo diente y con un miedo tan grande que jamás nos atrevimos a volver a intentar seducir a nadie.

El pobre viudo casi se va de espaldas cuando le dije quién era yo. No es posible decía, el destino está loco, esto no puede ser. Lo decía y me miraba incrédulo mientras se reía con sus blanquísimos dientes postizos, que pretendían ser perfectos como de artista de cine, pero que bailaban en el agujero negro de su boca.

❖

La tarde siguiente, cuando nos encontramos, mi amigo me entregó un sobre lleno de papeles. Dijo: Estuve pensando y decidí que a usted le corresponde la mitad de los bienes de Paco pues es su viuda tanto como yo. Aquí van las escrituras del departamento en la playa que un año antes de morir le regaló un tío, porque como es joven puede andarse moviendo y yo en cambio, ya no estoy para esas, así que me quedo con el efectivo que pagaron del seguro. Y que cada uno disponga de su parte a su muy santo antojo.

Fue por eso que fui a dar a Cancún.

Capítulo tres:
De lo que tiene que ver con seguir viviendo

Lo que vi no me gustó: edificios enormes, demasiadas tiendas, turistas vestidos de colores chillones, meseros que siempre querían más propina. Así que busqué una oficina de bienes raíces y puse en venta el dichoso departamento.

La chica que atendía, que iba vestida, si es que a eso se le puede llamar vestirse, con un minúsculo bikini negro, descalza y con la cabeza totalmente rapada, me entregó un cuestionario para llenar: ¿cuánta gente cabe en la tina? ¿cuánto paga de mantenimiento? ¿de qué material es el piso de la cocina? ¿el microondas dora o nada más calienta? Por supuesto yo no tenía la menor idea de nada de lo que se me preguntaba, pues no me había ni asomado al lugar, pero el precio que pedía era tan bajo y la comisión que ofrecía tan alta, que la mujer aceptó ocuparse del asunto.

Terminado el negocio, le propuse ir juntas a cenar. No gracias dijo, yo no tener hambre. Y no hacer vida social, estar de luto, ¿no ves que andar de negro? Y dijo: El duelo no ser por un muerto sino por un perdido. Cuando llegar a vivir aquí, llevar a mi bebé a la guardería. Y al volver por él ya no estar. Me dijeron que esa no ser una casa para cuidar niños sino un orfanatorio y como él verse tan bonito, unos franceses rápidamente firmar para llevarlo y nunca más saber de él. No puede ser dije, ¿perdiste a tu hijo por un error de comprensión del idioma? Sí respondió, por eso ponerme a estudiarlo y ya saberlo bastante. Y siguió diciendo: ahora juntar dinero. De día trabajando aquí en oficina y de noche escribiendo cartas para los ricos del mundo, yo contar a ellos mi problema y pedir su apoyo. Con esos dólares yo buscar a mi niño.

La historia me conmovió y decidí ayudar a la pobre mujer. Durante los siguientes días, me dediqué a escribir cartas, dejando correr mi imaginación y mi labia para convencer a los destinatarios de interesarse en el caso y de cooperar para su solución.

❖

Una noche en que me dolían las manos de tanto sostener la pluma, salí a caminar. Di vueltas sin rumbo como me gustaba hacer y cuando me sentí cansada, me metí a escuchar música a un sitio en el que tocaba un grupo cubano. Eran tan buenos que hacían mover los pies hasta a una persona como yo, que jamás en su vida había bailado por prohibición expresa y definitiva de quienes me educaron.

De repente, unas manos me jalaron a la pista. No supe ni cómo, pero empecé a agitar el cuerpo como hacían los demás. Fue delicioso, estar inmersa en el gentío, respirando su sudor, las luces y los sonidos con una intensidad que mareaba.

Conforme avanzaba la noche, el ambiente se fue poniendo más alegre y para mí era una pieza con alguien que se llamaba Senén, otra con alguien que se llamaba Reynaldo, una vez con Senén y otra con Reynaldo y así hasta que cerraron el lugar.

Vamos a tu hotel dijo el uno, vamos a tu hotel dijo el otro, vamos a tu hotel dijeron los dos. Yo no sabía que hacer. Terminé yéndome con este y pensando en aquel.

❖

Era la primera vez en siglos que yo estaba con un hombre, y tuve que hacer malabarismos para no dejarlo desvestirme y que no se diera cuenta de que me faltaban los senos y de que esos bultos que llevaba bajo el sostén eran postizos. Pero por lo visto a él no le importó ni que me dejara la ropa puesta ni que fuera ignorante en las artes amatorias, porque a los cuantos minutos ya me estaba proponiendo matrimonio. Decía: Nunca me he enamorado así, tan rápido, tan inmediatamente. Es un milagro chica, mi corazón lo anunció y tú apareciste. Y decía: No quiero nunca separarme de ti, cásate conmigo.

Nadie me había dicho jamás cosas tan hermosas. Así que me casé con Senén. En cuanto amaneció, fuimos a la oficina del Registro Civil, donde el empleado aceptó por unos cuantos pesos que no presentáramos los exámenes prenupciales ni las actas de nacimiento ni los testigos.

Al día siguiente, mi amiga gringa, la de los bienes raíces y el bebé perdido, se casó con Reynaldo en la misma oficina del Registro Civil. Yo misma los presenté, porque me dio lástima verlo al pobre, esperando toda la noche afuera de nuestra habitación.

❖

A mi nuevo marido lo cubrí de palabras dulces y de besos ¡estaba tan contenta! Hubiera querido también cubrirlo de regalos, pero no me era posible porque no salíamos nunca del cuarto de hotel. Y es que sus compañeros del grupo musical le habían obsequiado como regalo de bodas, un rompecabezas de diez mil piezas que se puso a armar apenas volvimos de la ceremonia.

Poco a poco, el piso se fue cubriendo de minúsculos pedacitos de cartón que algún día llegarían a convertirse, según prometía el anuncio de la caja, en un enorme mapa de la isla de Cuba de color verde muy vivo.

Durante tres semanas permanecimos encerrados. Cada vez era más difícil moverse para no pisar o desacomodar las piezas. Y si por error me tropezaba, mi marido se ponía furioso y me regañaba. Una vez hasta me dio un golpe en la nariz, que la hizo sangrar bastante, porque al pasar para ir al baño descompuse unas palmeras de la playa de Varadero que fueron a quedar en la ciudad de Cárdenas.

❖

El día que nos entregaron los papeles según los cuales, por su matrimonio con una mexicana Senén ya podía trabajar en este país, quiso celebrar. Me llevó al lugar aquel en que nos conocimos y en el que sus amigos seguían tocando la música maravillosa. Nos sentamos en una mesa y ordenamos champaña. Las luces de colores caían sobre la pista de baile haciendo parecer lentos y acartonados los movimientos de quienes danzaban. Yo me moría de ganas de estar allá arriba y de sentirme como aquella vez. Ahora vuelvo dijo mi marido, voy por cigarros. Me serví otra copa y otra y otra más. El tiempo pasó. En algún momento lo vi, entre el humo y los destellos, con toda su hermosa negritud, bailando con otra y después saliendo con ella por la puerta del local, muy abrazado y muy feliz.

❖

Cuando volví al hotel, recogí el rompecabezas, lo tiré a la basura y me acosté a dormir.

A la mañana siguiente, me pregunté si valdría la pena arrastrarme de antro en antro llorando y emborrachándome mientras los tríos tocaban algún bolero, como hacían en las películas cuando se tenía una pena de amor. Pero decidí que no, pues la verdad es que me daba flojera. Así que mejor me fui a la playa.

Y allí hice lo que todo mundo: me tiré sobre la arena tan suave, bajo la sombra de una palapa tan fresca y me dediqué a mirar el cielo tan azul.

❖

En esas estaba cuando se me acercaron dos niñas como de diez años. ¿La peino? me preguntó una de ellas. Como no tenía nada mejor en qué perder mi tiempo, pues acepté. Con sus manitas ágiles separaron mi cabello y me hicieron un montón de trencitas delgadísimas, cada una de las cuales se enredaba y sostenía con hilos de colores de los que colgaban cuentas y abalorios. Cuando terminaron, parecía yo una africana como las que salían en un libro de cuentos que alguna vez hace mucho tiempo me habían regalado.

¡Qué bonito le quedó! dijo una señora que desde la palapa de atrás había visto todo el proceso. ¿Me las pueden hacer a mí también? ¿y a mis hijas?

Encantadas, las chiquillas fueron a buscar a una amiguita y las tres se sentaron a tejer el cabello de las turistas. Yo quiero, dijo un muchacho que pasaba por allí, de modo que una de ellas fue a buscar a una cuarta amiga que también puso manos a la obra.

Cuando terminaron, los clientes preguntaron cuánto debían, pero antes de que nadie dijera nada yo hablé: Son cien pesos por cada quien. Sin chistar nos entregaron cuatro billetes de diez dólares que las niñas se quedaron mirando con desilusión como si no fueran dinero. Voy a cambiar esto en el hotel dije, y me fui mientras ellas esperaban ansiosas. Cuando volví y les di sus cuatrocientos pesos, una de ellas me devolvió un billete y dijo: Esto es para usted, porque nos consiguió a los clientes, porque les cobró mucho más de lo que nosotras pedimos y porque se fue a cambiar los billetes americanos y no se escapó. Y las otras dijeron: Sí, es lo justo.

¡Cuál no sería mi sorpresa cuando al día siguiente las vi llegar, acompañadas de dos amiguitas más! Venimos a que nos ayude a conseguir clientes y a cobrarles cien pesos a cada uno dijeron. ¡Y cuál no sería mi sorpresa cuando me encontré a mí misma recorriendo las playas de los hoteles para ofrecer los servicios de estas jovencitas! Y para cobrar y para cambiar el dinero y para repartirlo.

Fue así como me convertí en empresaria. En las mañanas iba a supervisar a las pequeñas que hacían trencitas y en las tardes, desde mi cuarto de hotel, administraba: hacía los pagos y las compras de hilos de colores, preparaba las propinas para los policías de la playa y para los porteros de los hoteles, con tal de que no permitieran que nadie más hiciera este trabajo y de que expulsaran a quienes lo intentaran dejándonos a nosotras la exclusividad.

A las cuantas semanas, veía crecer un próspero negocio que hasta empezó a vender franquicias para otros sitios turísticos del país: Huatulco, Puerto Vallarta, Cabo San Lucas, Mazatlán, Veracruz y por supuesto Acapulco, en donde la demanda era tan alta, que subasté el permiso a un precio bastante elevado.

❖

Las niñitas estaban felices y yo también. Por eso decidí adoptarlas. Un día simplemente me las traje a vivir conmigo y luego de bañarlas, cortarles el pelo que traían lleno de liendres y llevarlas a un pediatra por sus vacunas, les advertí de sus nuevas obligaciones: lo primero era comer bien, lo segundo era asearse bien y lo tercero era ir a la escuela. Por supuesto, nada les gustó. ¿Cómo que nos vamos a comer esas flores verdes que saben tan feo? decían cuando les servía el brócoli, y ¿por qué tenemos que tomar este líquido horrible en lugar de refresco? preguntaban cuando les ponía enfrente la leche. Lo de lavarse los dientes les parecía una locura incomprensible y de plano se negaban a usar zapatos de piel en lugar de sus sandalias de plástico. Pero la gota que derramó el vaso fue cuando las mandé a aprender a leer y escribir. Entonces huyeron y nunca las volví a ver.

❖

Una tarde, cuando me disponía a darme uno más de los varios regaderazos a que me obligaba el calor tan fuerte, tocaron a la puerta. Eran dos mujeres, una mayor y otra más joven, ambas con caderas muy anchas y cabellos ensortijados, que vestían faldas cortas, camisetas ajustadas y chancletas de hule. Se podría jurar que eran hermanas aunque una tendría como quince años menos que la otra.

Mira tú chica, me espetó una sin siquiera saludar, que nosotras dos somos la esposa y la amante del cubano ese que ahora es tu marido. Y dijo: Cuando nos enteramos la una de la existencia de la otra, nos odiábamos y nos hacíamos la vida imposible entre nosotras, pero ahora mejor nos hemos unido para seguirlo y vigilarlo y que no se salga del control. Así ha sido durante muchos años, aunque él no tiene idea de que nos conocemos y que estamos de acuerdo. A las que se meten con él les pasan accidentes y cosas de brujería, de esas que sabemos bastante por allá. Y si a ti te aceptamos fue porque entendimos que el hombre necesitaba los papeles mexicanos, de otro modo no podía quedarse aquí ni ganar dinero, que mucha falta nos hace para el montón de hijos que tenemos. Y dijo: Pero ahora resulta que otra vez se ha largado y no lo hemos encontrado en varios días. Seguro ya se metió con alguna. A estas horas le ha de estar diciendo que la adora y que nunca antes se había enamorado así. Y nos da miedo porque si resulta gringa, se lo lleva pal otro lado y no lo volvemos a ver.

Y dijo: Así que por eso venimos, pa que te sumes a la brigada de búsqueda hasta regresarlo a nuestras manos.

Sentí ternura al verlas allí, dos hembras luchando por su macho. Pero la verdad, a mí el sujeto ya no me interesaba, ni él ni sus sueños de ser artista de televisión pues según decía, aquí los cubanos gustan mucho y los contratan inmediatamente. Y así se los hice saber: Yo no estoy para brigadas, así que allí se los dejo, completito, todo suyo.

❖

Apenas las mujeres se fueron, decidí que yo también me iba, pero a la capital. Ya no tenía caso estar aquí sin marido ni negocio, sin la gringa que debía vender el departamento pero que se había regresado a su país con todo y los papeles y arriesgándome a la brujería de la esposa y la amante de Senén.

Nada más que, entre que lo pensé y lo hice, el cielo se puso gris y empezó la lluvia. Y al rato fue el viento que silbaba enloquecido. Conforme avanzaban las horas, las olas crecían, el agua arreciaba, las palmeras se ladeaban, los autos y lanchas volaban como si no pesaran y se iban a estrellar contra las casas.

Por radio nos pidieron que evacuáramos y en camiones nos mandaron al centro de la ciudad, a vivir a unos albergues del gobierno, atestados de gente.

Varios días estuvimos así, envueltos en cobijas salidas de quién sabe dónde, alimentándonos con pan de caja que sabía a viejo y con queso amarillo que habían mandado de Holanda como ayuda para los damnificados. Sobre nuestras cabezas oíamos caer la lluvia. Día y noche las señoras gritaban y peleaban entre ellas, con sus hijos y con los que repartían los víveres y las medicinas. Querían ser las primeras en recibir su parte y eran capaces de sacarse un ojo por una botella de agua o un par de calcetines.

❖

Cuando el temporal amainó y pudimos volver a nuestras casas, nos dimos cuenta de que Cancún ya no era la misma ciudad. El ciclón había arrancado todos los árboles y las casas de los pobres, había roto ventanas y puertas y hasta se había comido enormes trechos de playa. Los teléfonos no funcionaban, las calles estaban llenas de lodo y los hoteles vacíos. Una tristeza pesada caía sobre el lugar, antes tan animado por la música, los turistas y los vendedores.

Me fui tierra adentro en el auto de una señora que había sido voluntaria en el albergue y que ahora iba con sus amigas a ofrecer los mismos servicios a otra parte. Fue un viaje horrible. Íbamos apretadas como sardinas, comiendo las latas de sardinas que los japoneses habían enviado para los damnificados y que ella se había guardado para vender en el mercado negro.

A Villahermosa llegamos un mediodía gris y también lluvioso, para encontrarla todavía peor que Cancún: completamente inundada, la gente con el agua hasta la cintura sacando lo que podía de sus pertenencias maltrechas y mojadas. El aire olía a podrido y la humedad se metía en los huesos. ¡Hasta las casas de lujo estaban cubiertas de agua, sólo que los dueños se habían ido a vivir a los hoteles o de plano a la capital!

La mujer de las sardinas me llevó con las que en lancha repartían alimentos, cobijas y medicinas a las familias encaramadas en las azoteas. Montones de personas vivían allí con sus anafres, sus gallinas y sus aparatos de televisión precariamente conectados a los cables del alumbrado público.

Cuando pasamos frente a la cárcel, nos dimos cuenta de que nadie se había acordado de los presos. Algunos, con medio cuerpo metido en el agua, gritaban desde detrás de los barrotes: Hay muertos allá abajo decían, se ahogaron decían, no pudieron escapar porque estaban encadenados decían.

Me quedé en Tabasco varias semanas, no por otra razón sino porque no había forma de salir. El único que iba y venía era el Presidente de la República, que llegaba en un enorme helicóptero y con gran escándalo se ponía a dar órdenes. A todos los acusaba, a todos los regañaba, a los del gobierno y a los damnificados, a los líderes y a las amas de casa, a los médicos y a los empresarios, a los que ayudábamos y a los que no. Y luego se iba dejando tras de sí un gran resentimiento.

❖

Me fui en uno de los primeros camiones de pasajeros que circularon apenas bajando las aguas. Pero nada más salir de la ciudad, empezaron a aparecer en el camino cada hora, hora y media, retenes de soldados armados hasta los dientes que detenían el tráfico, nos hacían esperar, nos echaban una luz en la cara, nos pedían que les enseñáramos nuestros bolsos y maletas y nos acribillaban a preguntas y advertencias: A dónde va, de dónde viene, cuál es su equipaje, tiene que declarar sus armas, tiene que enseñar sus drogas, tiene que mostrar su dinero, no puede pasar a las zonas petroleras, no puede llevar cajas cerradas, esas playas son propiedad privada, está estrictamente prohibido pisarlas.

❖

Llegué agotada a la capital. Pero así y todo, lo primero que hice fue buscar a mi amigo en el café. Y allí estaba, muy sentado como siempre, leyendo el periódico.

Me recibió con alegría y hermosas palabras: La estaba esperando dijo, la he extrañado y me preocupé cuando empezaron los ciclones y lluvias por allá. Qué bueno que ya está de regreso.

Pero al rato, cuando se percató de que los ojos me lloraban, la nariz me escurría y me daban fuertes accesos de tos, dijo: Este aire le hace daño. Y decidió que nos teníamos que ir.

Y esa misma tarde lo hicimos. Nos fuimos a un pueblo que estaba a una hora de camino, donde rentamos una casa pequeña, que elegimos entre las que ofrecían porque tenía un jardín viejo y descuidado, sombrío por tantos arboles.

❖

La vida en Tepoztlán fue maravillosa desde el primer instante.

El viudo era muy cariñoso, me tomaba de las manos y me las acariciaba, me besaba las mejillas, me abrazaba por la cintura. Y era muy respetuoso, jamás me habló de tú, siempre de usted y con suma deferencia. Lo que más le gustaba era conversar. Y lo hacíamos tanto, que sabíamos las minucias de la vida y de la manera de ver el mundo del otro y podíamos anticipar sus reacciones, gustos y deseos sin equivocarnos. Lo mejor fue que, lo mismo que yo, él odiaba la leche y entonces me pude por fin liberar del inevitable vaso que desde tiempos inmemorables me había acostumbrado a tomar antes de dormir.

Mi amigo sabía muchas cosas y se dedicó con gran paciencia a enseñármelas. Me dijo que, para que la vida de un ser humano tuviera sentido, era fundamental tener una pasión que lo consumiera y a la que uno estuviera dispuesto a sacrificarle todo. La suya era una cantante de ópera que ya se había muerto, pero de la que poseía cantidades enormes de discos, fotografías, videos y libros que contaban su vida y analizaban su arte. Mírala qué elegante se ve con este vestido decía con entusiasmo, es cuando acababa de adelgazar treinta kilos, trece meses se tardó en conseguirlo, la admiro más por eso que por su voz, porque ponerse a dieta es lo más difícil que existe. Mírala aquí junto al hombre al que tanto amó y que la destruyó decía con tristeza, por él se dejó morir, no sabes cuánto me enoja que lo hiciera. Escucha esta grabación en el Palacio de Bellas Artes a principios de los años cincuenta decía con conocimiento, es cuando vino a México y su voz estaba en el mejor momento.

A mí me preguntaba qué pasión quería yo tener pero nada se me ocurría. Intentamos varias, desde fumar puros para distinguir los diferentes tipos de tabaco hasta sembrar helechos para reconocer sus distintas variedades, desde hacer cerámica en el torno de un artesano que vivía allí cerca, hasta leer biografías de mujeres que sobresalieron en su tiempo, pero nada me interesó tanto como para que se convirtiera en el centro de mi vida.

Y es que lo que yo quería era salir. No podía imaginarme más felicidad que la de ir y venir sin que nadie me lo impidiera. Me costó un gran esfuerzo que mi amigo lo entendiera y más todavía que lo quisiera compartir. Pero por fin lo logré. Cada mañana al levantarnos le preguntaba: ¿Ánimo? y si respondía: Sumergirse, lo arrastraba a algún balneario de los alrededores y nadábamos durante horas, si decía: Flotar, salíamos al campo a caminar kilómetros con el viento golpeándolos la piel, si contestaba: Paladear, nos metíamos a cualquiera de los muchos restoranes del centro, a comer la botana en uno, el plato principal en otro y el postre en el tercero. Esto era por supuesto lo que más hacíamos, porque aunque jamás lo hubiera reconocido, la verdadera pasión del viudo en esta vida era comer.

Un día en que su ánimo era: Cambiar, me tiñó el cabello de color rojo vivo. Mi cabeza parecía una llamarada. Luego se puso a coser para mí unos enormes vestidos de algodón blanco, que pintó con rayas de colores. La gente me detenía en la calle para admirarlos y preguntar dónde se podían comprar, pero él no quería ni oír de hacerlos para nadie que no fuera yo.

❖

Estaba tan contenta, que hasta me regresaron las ganas de escribir. Entonces compré unas tarjetas postales donde se veían hermosos los cerros y cielos del pueblo y en el reverso anoté mis pensamientos. Una decía: ¿Es posible estallar de dicha? Otra:

Te doy gracias Señor por los favores recibidos. Una más: Afirmo que el paraíso existe.

Luego me las mandé por correo a mí misma para al recibirlas y leerlas sentirme todavía más feliz.

❖

De tanto que quería a mi amigo, fui mimetizándome con él: seguía sus rutinas y horarios, imitaba sus gestos, hacía mías sus opiniones que me parecían las más acertadas del universo. Tuve sueño y frío a la misma hora que él, me agradaron los mismos platillos y aprecié los olores de igual manera. Hasta logramos sentir al mismo tiempo las ganas de ir al baño y de dormir.

En una ocasión, la vecina nos invitó a ver en su televisión de gran pantalla, una película de un director americano muy conocido y sin ponernos de acuerdo los dos exclamamos: ¡De ese señor jamás, será muy famoso pero lo que le hizo a su esposa es imperdonable! Y otra vez en que esa misma mujer me preguntó mi opinión sobre algo que no recuerdo, le tuve que responder que lo que yo pensaba sólo lo hablaba con mi amigo y con nadie más, pues para mí, decirle cosas importantes a alguien que no fuera él, significaba una vil traición.

❖

Por culpa de este modo de relación que el viudo llamaba modelo incrustación, no me quedó más remedio que empezar a leer. Y es que una noche en que yo lloraba amargamente por las desventuras que le sucedían a la heroína de una película que veía, entró mi amigo a la habitación sumamente excitado por las aventuras de la protagonista de la novela que leía. Y fue tan obvio que nuestro estado de ánimo era muy diferente y nos dolió tanto que así fuera, que tomamos la decisión de que en adelante, veríamos la misma película y leeríamos el mismo libro, para así asegurarnos de sentir y pensar idéntico en todo momento y circunstancia.

Pero la verdad, yo nunca le agarré el gusto. Me cansaba rápido o de plano me aburría. Tienes que buscar entre líneas me decía el hombre, pero por más que me esforzaba, entre las líneas yo sólo veía espacios en blanco.

❖

Sentada en una banca del atrio de la iglesia que se yergue en pleno centro de Tepoztlán, comiendo una deliciosa nieve de tuna de esas que venden en los puestos del mercado, se me acercó un perro. Era pequeño, con manchas blancas y cafés y una oreja caída. Me pareció simpático y empezamos a jugar, yo le aventé una vara, él fue por ella y me la trajo, yo la aventé otra vez y él de nuevo la recogió y así estuvimos, repitiendo eso un montón de veces.

Cuando me iba de vuelta, el animal me siguió. Fue trás de mí por las calles empedradas sin perderme de vista en las vueltas y cuando entré a la casa, se quedó esperando toda la noche junto al portón. Así que lo adopté. Y como a mi amigo le encantó, empezamos a recoger a cuanto perro encontramos en la calle o a los que la gente por alguna razón ya no quería tener. Y cada vez fueron más y más.

Algunos vivían en el jardín, otros dentro de la casa, unos salían y entraban a su gusto y otros de plano se instalaron encima de nuestras camas.

Por las tardes, cuando salíamos a caminar, éramos un grupo extraño: un hombre maduro que por fin se había dejado blanco el escaso cabello y que lucía con orgullo su prominente estómago, enfundado en un traje de lana oscura con chaleco y saco, sin importar si había cuarenta grados de calor o de frío; una mujer joven con el largo cabello rojo, metida en enormes vestidos de algodón pintado y una jauría de perros que le ladraban a cualquier mortal pero que jugaban alegres entre sí.

❖

Por los perros, empecé a ir al veterinario del pueblo. Era un muchacho joven que había estudiado en el extranjero y que amaba a los animales. Pronto nos hicimos amigos y me enseñó a reconocer las enfermedades y sus curaciones: para qué sirven las vacunas, las pastillas y los jarabes, las inyecciones y los vendajes.

Aprendí tan bien, que cuando al viudo le dio bronquitis confió en mí en lugar de ir al médico. Yo le receté los antihistamínicos y los antibióticos, mezclando los de uso animal y los de uso humano como hacíamos en el consultorio. Pero se me pasó la mano y le di dosis tan fuertes que le destrozaron el estómago y el sistema inmunológico. Por supuesto, como era él, no se enojó, sólo echando a perder se aprende dijo.

Y entonces me seguí, medicando a quien se dejara, porque mucha gente en el pueblo estaba enferma, cuando no tenían diarrea era dolor de muelas, cuando no se ponían verdes les salían granos, o les subía la fiebre, o tosían hasta el ahogo. Tuve tanto éxito que nuestra cocinera se enojó porque la gente dejó de pedirle sus tés, cataplasmas, infusiones y pócimas y empezó a preferir mis medicinas que eran de verdad. El viudo me decía: Contigo se acabaron las novelas latinoamericanas, se acabó el realismo mágico, ahora en vez de yerbas y conjuros hay ciencia pura.

❖

Desde la ventana vimos el accidente. Un camión de pasajeros que venía a gran velocidad se salió de su carril en la curva y se fue a estrellar contra un auto. Rápidamente juntamos las vendas, alcoholes y pomadas que pudimos y corrimos a atender a los heridos, que eran muchos.

En esto estábamos, haciendo un torniquete aquí y unas puntadas allá, deteniendo una hemorragia aquí y vendando un golpe allá, cuando llegó la policía y nos detuvo. Fuimos a dar a la cárcel acusados de borrar las evidencias del delito, por tocar y mover a las personas que debieron quedarse tal y como estaban hasta que llegaran las autoridades correspondientes, se levantara el acta y se tomaran las declaraciones para la investigación. De nada valió que les aseguráramos que los lastimados ya estarían muertos sin nuestra atención, desangrados o infectados, de todos modos nos mandaron tras las rejas.

❖

Permanecimos un mes y once días en encierro, el doctor Federico en la celda de los hombres que decían obscenidades, y yo en la de las mujeres que peleaban todo el tiempo. El espacio era tan reducido, que si entraba un rayo de sol nos teníamos que salir sus ocupantes.

Algunas veces llegaban hasta la prisión grupos de gente vociferante que sacaban a uno de los detenidos y en plena calle lo tundían a golpes. Estamos haciéndonos justicia por nuestra propia mano gritaban, porque el gobierno no la hace. Y gritaban: La seguiremos haciendo cada vez que algún delincuente se meta con alguien de nuestra comunidad y las autoridades no actúen con rapidez.

Por supuesto, volví a tener pesadillas, como me había sucedido hacía muchos años. Que el colchón donde dormía se incendiaba, que la puerta por la que estaba a punto de salir se empequeñecía, que un montón de perros me atacaba, que iba caminando y me quedaba paralizada, y aunque hacía por pedir auxilio, de mi garganta no salía ni un sonido.

Mi amigo intentó todo para sacarme de allí: habló con los policías, buscó a conocidos que fueran influyentes, mandó cartas a los periódicos y se presentó en varios programas de la estación de radio local. Pero fue inútil. Ni siquiera sirvió darle al juez un montón de dinero para que nos soltaran, simplemente se lo guardó y no hizo más que entretenerlo con promesas.

Nos dejaron ir cuando al gobernador del estado se le ocurrió la brillante idea de visitar el pueblo, por primera vez en veinte años, y al presidente municipal se le ocurrió la brillante idea de que podría darle una imagen excelente si no había presos. Aquí no es necesaria la cárcel dijo en su discurso, la tenemos de adorno, herencia del gobierno anterior, porque en este lugar todos se portan bien y no se cometen delitos.

❖

Cuando volví a casa estaba bastante decaída. Traía una infección en el estómago que me provocaba fuertes dolores y me hacía devolver cualquier alimento. Había perdido muchos kilos y bastante cabello. Dos dientes estaban flojos y la piel se veía reseca y gris. Pasaba el día echada en el camastro del jardín y no tenía ganas ni fuerzas para hacer nada.

Fue el hombre de la basura el que me salvó. Cuando pasaba a recoger nuestros desperdicios me hacía conversación y me miraba a los ojos, a mí, la mujer más horrorosa del planeta tierra.

Un día me propuso que lo acompañara y yo acepté. Fuimos a su casa de paredes de cartón y techos de lámina situada en un terreno en las afueras del pueblo, en la que habitaban un montón de personas. Lo que necesitas es tener una ocupación en que ocuparte dijo y no ocupar el tiempo en la pura lamentación. Y diciendo y haciendo, me puso a vender billetes de lotería, a ver si ilusionando con ilusiones te ilusionas otra vez dijo.

Día tras día, desde temprano hasta el anochecer, anduve por el pueblo ofreciendo la mercancía. Hasta que su suegra se molestó y empezó a decir que yo tenía que trabajar igual que las demás, que ellos no podían seguir continuando manteniendo mantenidas. Así que no me quedó más remedio que levantarme de madrugada, para ayudar a las mujeres a echar las tortillas y prender el carbón, ir al mercado y darle de comer a las gallinas, barrer el piso de tierra y cuidar a los niños. Apúrate me gritaba la vieja, tienes que hacer el quehacer lo más pronto posible que puedas decía. Un día sí y otro también, me acusaba con el hombre y lo incitaba a que me diera mis golpes, no vaya a convertirte en mandadero mandilón decía.

❖

Un domingo vi que metían todas sus cosas en cajas de cartón. ¿A dónde vamos? pregunté. Tú a ninguna parte respondió la vieja, ir lo que se dice irse, nos vamos nomás nosotros, los meros de la familia. Nos vamos pa nuestra tierra allá en Michoacán, pues se cayó un avión, mira nomás qué suerte y vamos a ver qué encontramos entre la maleza, en el regadero de muertos seguro habrá algo. La otra vez, cuando pasó un accidente igualito, fuimos los primeros en llegar porque vivíamos muy cerca y sacamos bastante joya y dinero que nos alcanzó para poner un hotel. Y dijo: Lo malo fue que nadie llegó jamás a La Esmeralda, nunca pasó por allí ningún visitante, ninguno ocupó los cuartos y tuvimos que cerrar. Allí sigue muy orondo el edificio, dos pisotes enormes y nosotros quedados en la más amarga calle de la amargura. Y dijo: Por eso venimos aquí, porque tuvimos que salir a buscar la chamba a dónde la hubiera, pero la verdad es que no nos gusta, no nos hallamos, la gente parece siempre enojada, cualquiera le contesta a uno como empleado de gobierno, ha de ser porque están tan cerca de la capital.

Nunca, en el tiempo que viví con ellos, la vieja me había hablado tantas palabras. Yo creo que estaba muy contenta por irse a su casa, a ella le chocaba Tepoztlán.

❖

El día que se fueron, me quedé sin siquiera un petate donde echarme, todo se llevaron, sólo el cascarón de cartón y lámina quedó. Y además, soportando las habladurías de los vecinos que estaban necios con que una persona sola no necesitaba tanto espacio.

La noche que les dio por apedrear la casa mejor me fui. Y como no tenía dónde ir, pues me regresé con el viudo que sin decir palabra, como si nos hubiéramos visto ayer, me admitió. Pero yo, en lugar de estar agradecida, no sé bien por qué, me empecé a portar mal con él.

Primero fueron cosas pequeñas, como poner papel higiénico rasposo o pedirle prestado su único suéter grueso cuando hacía frío. Nada dijo. Luego me dio por esconderle los discos que le gustaba escuchar y por tirarle sus revistas viejas que con tanto esmero guardaba. No se molestó. Entonces empecé a hacer cosas peores como apagarle sus carísimos cigarros cuando apenas estaban a la mitad o despertarlo en el momento en que por fin se estaba quedando dormido después de horas de pelear con el insomnio. No se alteró. Dejé de pintarme el cabello y de usar los vestidos que con tanto cuidado cosía para mí. No protestó. Hice un desorden en la casa, dejé todo sucio y revuelto. Aguantó. Mandé cambiar la chapa del portón de la entrada y aunque tocó con fuerza, yo me hice la dormida y en toda la noche no le abrí. No se inmutó. Invité a los vecinos a que vinieran de visita, a sabiendas de que si algo no soportaba era escuchar pláticas insulsas de personas que no le interesaban. Lo soportó. Es más, caballero como era, les respondía con amabilidad y nunca dijo nada que me hiciera quedar mal, mientras que yo en cambio, me burlaba de él y lo ridiculizaba frente a cualquiera.

Pero la prueba suprema, la prueba de fuego que estaba segura le sería imposible de resistir, fue cuando le mostré mi pecho plano, sin senos. A nadie se lo había enseñado jamás. Yo misma apenas si me atrevía a verlo, de tanto que me horrorizaba. Y sin embargo su reacción fue de ternura. Con suavidad me acarició y besó la piel sumida, tasajeada, herida y cicatrizada como si fuera de seda o estuviera normal. Ese día se me salió el coraje y supe que lo querría por siempre y a pesar de todo y de todos.

❖

Un domingo habíamos terminado de comer pasta al doble queso acompañada de vino rosado bien frío, cuando sonó el timbre. El viudo abrió el portón y como era su costumbre, invitó a la persona que había tocado a pasar.

Era una jovencita que se presentó nada menos y nada más que como la hija de mi marido cubano. Tenía las mismas caderas anchas y el cabello ensortijado de la amante y la esposa de Senén, cualquiera de ellas que fuera su madre. Sin siquiera saludar dijo: Me envía mi papá a traerle este citatorio del juez.

En ese papel se me acusaba de abandono de hogar y se me exigía pensión alimenticia para el hombre y para su hija a la que supuestamente yo había estado de acuerdo en adoptar cuando nos casamos. Además se me acusaba del robo de un rompecabezas de diez mil piezas y se me obligaba a proceder a su inmediata devolución.

❖

En lo que pensábamos cómo conseguir un abogado que me defendiera y en lo que averiguábamos dónde comprar un rompecabezas gigante de la isla de Cuba en color verde, invitamos a la muchacha a comer. Y como pronto se hizo de noche y la joven no mostraba intenciones de irse, le ofrecí mi habitación y me mudé a la de mi amigo, que tenía una cama angosta en la que apenas si cabíamos los dos. Eso me encantó, porque no hubo más remedio que dormir muy juntos, aunque me tuve que acostumbrar a la luz siempre encendida, porque al viudo le daba pánico la oscuridad.

❖

Nuestra huésped comía como huérfano de hospicio, dormía como bebé y hablaba hasta por los codos. Pero era una bailarina de primera que había estudiado en la mejor escuela de danza de su país. ¡Cómo la envidié! Todas las mañanas ponía unas sillas en el jardín y pasaba horas haciendo sus ejercicios y sus coreografías. Y cuando terminaba sus prácticas, se metía bajo la regadera fría durante tanto tiempo, que me daba miedo que se acabara toda el agua del pueblo.

Se llamaba Marisleysis pero le decían Celia. Y una tarde me entregó la enorme maleta de tela color negro con la que se había presentado ante nuestra puerta aquel domingo y dijo: Es la correspondencia que te llegó a Cancún cuando te fuiste chica.

Al abrirla brincaron un montón de sobres, seiscientos doce para ser exactos, porque los contamos, algunos dirigidos a mí y otros a la gringa, con remitentes de muchos países y todos con el mismo error en la dirección: decían barrio de San Rafalito en lugar de San Rafaelito. Y eso que su abuela y su marido hicieron tantos esfuerzos por corregirle la letra dijo el viudo, pero por lo visto lo que Dios dispone, el hombre no lo puede componer.

❖

Durante los siguientes días, nos dimos a la tarea de leer las cartas, algunas largas y otras breves, algunas escritas a máquina y otras a mano. La mayoría eran de disculpa por no podernos ayudar para rescatar al bebé perdido, había las que traían un billete de cinco o diez dólares y nos deseaban suerte en las pesquisas, y no faltaban las que insultaban a la madre y exigían un castigo para ella por estúpida. Venía también una carta de Reynaldo, el cubano aquel al que no había yo elegido de marido por irme con Senén:

Miami, Agencia de Bienes Raíces Rid.

Estimada Susana,

Diana y yo ya esperamos al segundo hijo. Te escribo para decirte que por fin pudimos vender tu departamento de la playa en los cien mil dólares que le asignaste de precio, pero te aviso que nos vamos a quedar con el dinero para usarlo en una buena causa, que es la búsqueda del muchachito que todavía obsesiona a la pobre. Estoy seguro que sabrás perdonar.

Saludos, R y D Castro y familia.

El sobre más llamativo venía de Estados Unidos, era grande y de muchos colores y traía una carta y un cheque. La carta decía:

California, Estudios de Grabación Seven Stars.

Distinguida señorita Heiken,

Disculpe ud. la tardanza de esta respuesta, pero el señor Morris recibe mucha correspondencia y tardamos bastante tiempo en clasificarla, ya que sólo lo podemos hacer cuando él no está de gira. Como su misiva nos conmovió, la seleccionamos entre las que le damos a leer y personalmente decidió que sería de aquellas a las que le daría contestación. De modo que aquí le envía su cooperación y le desea suerte. Además le sugiere que se ponga en contacto con el grupo budista del maestro Arnold Goldberg en Esalen (dígale que es nuestra recomendada), para aprender las dos lecciones fundamentales que le permitirán seguir viviendo si no encuentra a su hijo: el desapego de todo, incluidos los afectos hacia los seres queridos y la capacidad de perdón, aun para quienes nos hacen mucho mal. Por último, le comunicamos que el señor Morris no está en disposición de sostener más correspondencia sobre este ni sobre otros asuntos.

El cheque adjunto era por cien mil dólares.

❖

¿Por qué no aprovechamos el dinero para viajar? preguntó mi amigo,

está bien contesté, si eso quieres.

¿Te gustaría ir a Nueva York para visitar museos? ¿o a Londres para ir al teatro? preguntó,

está bien contesté, si eso quieres.

¿O preferirías ir a California para aprender a cuidar nuestros cuerpos? preguntó,

está bien contesté, si eso quieres.

¿Qué opinas de Amsterdam para conocer todos los libros que se publican en el mundo? ¿o de la India para conocer todas las religiones que se practican en el mundo? preguntó,

está bien contesté, si eso quieres.

¿Qué dices de Australia para probar los mejores productos comestibles? ¿o de Vancouver para aprender el respeto a la naturaleza? preguntó,

está bien contesté, si eso quieres.

¿O de Berlín para ver a los jóvenes más raros del planeta? ¿o de Afganistán para ver a las mujeres más maltratadas del planeta? preguntó,

está bien contesté, si eso quieres.

En Buenos Aires pasearíamos toda la noche por las calles, en Frankfurt visitaríamos la feria de perfumes, en Belice nos meteríamos a bucear, en Cannes veríamos las mejores películas y en Roma a la gente famosa, en París beberíamos buen vino, en África iríamos de cacería, en Siberia conoceríamos el hielo, en Milán compraríamos ropa de grandes modistos, en Río de Janeiro veríamos a hombres y mujeres desnudos, en Las

Vegas jugaríamos bacará y en Japón apostaríamos en las luchas de Sumo. Todo eso dijo y lo dijo así, de corrido. Y yo le contesté siempre lo mismo: está bien, si eso quieres.

Pero afortunadamente no fuimos a ningún lado, porque la verdad es que estábamos demasiado a gusto como para tener que correr por aeropuertos, pelear por hoteles, pedir comida en idiomas extraños, empacar y desempacar, cansarnos. Así que encargamos a una librería algunos libros de fotografía de los sitios que nos hubiera gustado conocer y nos dedicamos, desde la comodidad de nuestro hogar, a enamorarnos del malecón de Alejandría, de la mezquita de Córdoba, de los glaciares de Alaska y del desierto de China, de las personas de Bolivia y de los monumentos de Perú.

Y el dinero decidimos usarlo para contratar un abogado que me defendiera de Senén y de paso lo acusara del fracaso de nuestro matrimonio por el más común de los motivos: el de desacoso sexual.

❖

Pero la verdad es que no lo hicimos. Los días fueron pasando y nos fuimos olvidando de buscar un licenciado. Mientras y sin que nadie se lo pidiera, Celia empezó a limpiar y acomodar. Se hizo cargo de la compra y la preparación de los alimentos, de cuidar a los perros y atender el jardín. Al poco tiempo de su llegada, la casa respiraba con su ritmo y con su orden, como si siempre hubiera vivido allí y así hubieran sido siempre las cosas.

En cambio el viudo y yo nos movíamos cada vez menos. Como no teníamos nada que hacer, pasábamos el día sentados conversando o echados dormitando. Ya no salíamos a los paseos ni a los restorantes, ya no íbamos a la plaza a comer helados ni recibíamos visitas.

Y así nos hubiéramos quedado eternamente, si no fuera porque un día nos pidieron que devolviéramos la casa. La dueña, que hasta entonces había sido amable, simplemente dijo que no nos la quería rentar más. Ante nuestra insistencia en recibir alguna explicación, dijo: ¿No se dan cuenta que un tiempo a esta parte Tepoztlán se ha vuelto hostil hacia ustedes? Sólo entonces me percaté de que eso era cierto. En una ocasión, cuando le dije a una vecina que no debía quemar la basura pues eso contaminaba el aire, me gritó que ya estaba harta de mi ecologismo que era pura propaganda imperialista y en otra que fui a la papelería para comprar unos pinceles, la encargada les subió tanto el precio que no pude pagarlos. Y cada vez que el viudo quería pan integral o yoghurt, no se los vendían, ya están apartados para otro cliente le decían. Mi amigo el veterinario dejó de venir. El fumigador y el albañil desaparecieron sin dejar rastro. Lo mismo hicieron el carpintero que componía las vigas del techo y el plomero que arreglaba las goteras del baño. Hasta el jardinero dejó de obedecernos y se puso a podar los árboles en forma de figuras de animal, sabiendo cuánto nos chocaba que domesticara nuestro lugar.

Fue la propia casera quien nos descubrió la verdad: que Celia había contado en el pueblo los horrores que le hacíamos. Dijo: Ustedes la maltratan, apenas si le dan de comer, no le permiten ir a la escuela con tal de tenerla de sirvienta y hasta le echan encima a los perros, pobre niña.

De modo que esa muchachita tan acomedida y dulce, que hablaba hasta por los codos y bailaba como ángel, llevaba meses corriendo un montón de mentiras y chismes y como nosotros nunca salíamos de casa ni hablábamos con nadie, pues no nos habíamos enterado ni nos habíamos dado cuenta de las miradas turbias y del espíritu de linchamiento que se había generado a nuestro alrededor.

Así que dimos por terminada nuestra vida provinciana y regresamos a la capital, el único lugar donde nadie se mete con uno dijo el viudo.

Por supuesto, nos instalamos en su departamento, en uno de esos edificios viejos pero aún majestuosos situado en un tranquilo barrio residencial.

El cambio nos hizo bien. Mi amigo volvió a ponerse sus elegantes trajes de lana de tres piezas y a cuidar la dieta, a mí me permitió usar mi ropa en lugar de los enormes vestidos pintados, y los dos nos rapamos la cabeza porque en su opinión, nuestra nueva vida merecía empezar desde cero.

Pero de esto muy pronto me arrepentí. Extrañaba mi hermosa cabellera larga, roja como llamarada. Demasiado tarde dijo el hombre, ya está hecho y agregó una frase que me traía dolorosos recuerdos: A lo hecho, pecho.

Decidí entonces no salir de casa hasta que el pelo hubiera crecido y pasé muchas noches en vela, sentada frente al espejo, masajeándome el cuero cabelludo para ver si así brotaba más rápido.

Un día que el viudo no estaba, no me quedó más remedio que salir a comprar el pan. Para tapar la pelona, que me daba vergüenza, me puse una bolsa de papel estraza en la cabeza, a la que le hice unos pequeños agujeros para los ojos, nariz y boca.

Al llegar a la esquina, mientras esperaba para cruzar la avenida, la gente me hizo un círculo y no me dejó avanzar. Yo me asusté porque me miraban como esperando algo y entonces decidí hacer lo que había hecho una vez hacía mucho tiempo: empecé a hablar del país, nada más que esta vez fue de la sequía que había en el norte, que desgastaba la tierra y mataba a los niños y al ganado. ¿Cómo era que lo sabía? Ni idea, pero allí estaban las palabras saliendo de mi boca. Dije y acusé, que todo era culpa del gobierno, de su descuido y desinterés, de la corrupción y la falta de voluntad para resolver los problemas.

Y hasta lloré a lágrima viva porque el territorio nacional estaba en tan pésima condición.

Alguien entre el público aplaudió y los demás lo imitaron. Otro se puso a cantar y al poco todos le hicimos coro: México lindo y querido, si muero lejos de ti, que digan que estoy dormido y que me traigan aquí, que digan que estoy dormido y que me traigan aquí, México lindo y querido si muero lejos de ti.

❖

Tres días me tomó recuperarme de esa experiencia. La tensión había sido tal, que las piernas me dolían como si hubiera hecho mucho ejercicio, como en aquellas épocas lejanas en que lo hacía con intensidad y dedicación.

Pero supe entonces, que a nadie en este mundo le iba ni le venía ni le afectaba ni le alteraba si yo tenía la cara azul o verde, la cabeza pelona o peluda, si el país se inundaba o se secaba, si el ganado y las cosechas vivían o morían, porque a nadie le importaba nada en este mundo que no fuera entretenerse.

❖

La casa del viudo estaba tan atestada de muebles, objetos, adornos y cuadros, que era imposible moverse. Los armarios y cajones no se podían cerrar por tanta cosa que tenían dentro. En toda su vida el hombre no había tirado nada, había camisas y sacos del año del caldo junto a otros sin estrenar, tazas y ollas de peltre junto a vajillas completas de fina porcelana, lociones y jabones cuyas marcas habían desaparecido hacía siglos de las tiendas junto a otros importados de las perfumerías más caras de Europa. Como los sillones eran pesados y las cortinas gruesas, todo se veía oscuro y solemne, como de iglesia. Lo único que falta es un confesionario dije como quien no quiere la cosa y en ese mismo momento, se me ocurrió que estaría bien ponerlo.

Entonces colgué en la puerta del edificio, junto a las letras esculpidas en piedra que decían Condominio Aurora, un anuncio: Se escuchan penas y pesares, departamento tres a.

❖

Nunca imaginé que tanta gente tuviera necesidad de contar sus tristezas. Hombres y mujeres de las más diversas edades y condiciones, venían a cualquier hora para que los escuchara. Y no esperaban nada de mí, ni consejo, ni comentario, sólo querían vaciar su pecho. Había de todo: el enfermo de artritis desesperado, la fea que soñaba con conseguir un novio, el despedido del empleo asustado de no encontrar otro, el que debía mucho dinero y no sabía cómo le iba a hacer para pagarlo, la que estaba harta de cuidar a su madre anciana.

Supe de divorcios, deudas, traiciones, miedos y silencios. Y vi que las personas son en su mayoría perdedoras: escriben un libro que nadie lee, se ponen a una dieta pero no adelgazan, inician un negocio que fracasa, se enamoran de alguien que ni cuenta se da, pertenecen a un partido que siempre pierde las elecciones. Pocos están satisfechos o al menos conformes con lo que son y con lo que tienen, porque todos quieren siempre más.

También me enteré de las recetas que la gente aplica para sentirse mejor: este se sometía a curas de sueño para rejuvenecer, aquel se bebía todas las mañanas su propia orina para inmunizarse, uno había inventado un alfabeto secreto para que nadie entendiera sus cartas, otro un chorizo que no subía el colesterol. Una señora de setenta años se operó el cuerpo para ver si así su marido volvía a sentir deseo por ella y una muchachita de quince, a la que sus padres querían casar con un viejo rico que vivía en un país lejano, retocó su foto como si fuera cacariza y se la mandó con una dedicatoria de amor. Nunca volvió a oír de él.

Por supuesto, también conocí el agradecimiento: me traían regalos, que una canasta con dulces, que una crema francesa, que un video para preparar sushi, que dos boletos para el gran baile de las feministas el próximo sábado, que una jaula con un pájaro, que un libro para aprender a construir arpas. Este me encantó por los dibujos, pues el texto no lo podía leer ya que estaba en un idioma incomprensible para mí. Me lo dio una mujer que no sabía ni palabra de español, pero que de todos modos venía a verme y se ponía a hablar.

❖

Un día recibí una oferta: uno de mis clientes me proponía entrarle a medias para comprar un gramo de cocaína. Es demasiado cara para que yo pueda pagarla solo dijo y no me quieren vender menos. Para convencerme, me relató las sensaciones maravillosas que producía y me aseguró que todos los artistas la usaban.

En cuanto dijo esa palabra, vinieron a mi mente unos tipos que hacía muchos años me habían lastimado y furiosa lo corrí de mi casa.

Salía el hombre por la puerta justo cuando alguien más entraba. Ni tonto ni perezoso le hizo el ofrecimiento y por lo visto aquel sí aceptó, porque se fueron juntos y no supe de ellos hasta varios días después, cuando sus fotos aparecieron en el periódico con una leyenda: agente disfrazado pudo penetrar banda de consumidores de droga que se ocultaba en consultorio psiquiátrico.

La policía empezó a venir un día sí y otro también. Entraban prepotentes y groseros, todo lo revolvían, por todas partes buscaban y se llevaban lo que les gustaba con el pretexto de que eran pruebas. El viudo no se les despegaba, para que no siembren lo que quieren encontrar decía. Pasamos varias semanas muy alterados hasta que un día no vinieron más y sus fotos salieron en la televisión acusados de cooperar con los traficantes.

❖

Una mujer que era especialista en Feng Shui, me propuso limpiar la casa. Tanta porquería vieja no sirve para nada más que para atraer las malas vibras dijo. Convencida de que tenía razón, la dejé hacer. Movió sillones y mesas, tiró a la basura objetos y adornos, trajo plantas y espejos, puso recipientes de agua por abajo de las camas y colgó hilos de colores por encima y cuando terminó me aseguró que en adelante la energía fluiría adecuadamente en mi hogar.

Pero no fue así. Al contrario, el viudo se molestó muchísimo cuando vio que habíamos tirado sus amados objetos. Iba de un lado a otro de la casa buscando esto o aquello y aullando si no lo encontraba. Lo que más le enojó fueron sus libros, que pensaba donar algún día a la biblioteca que estaban construyendo los escritores en la montaña de Guerrero, por si la gente de allá algún día empezaba a leer. Y lo que más le dolió fueron las radiografías de los pulmones de su maestra de francés, que amorosamente guardaba desde hacía muchos años y que se habían ido, sin darnos cuenta, en el cajón de un viejo escritorio. Dijo: Yo la adoraba y sufrí cuando murió de enfisema. Ella que jamás había tocado un cigarro, se enfermó por culpa de sus alumnos que fumábamos en clase.

Desesperada porque me perdonara, corrí a tomarme radiografías y se las entregué para ver si en algo compensaban sus viejos recuerdos. Mi acción lo emocionó y de paso, sirvió para descubrir que yo tenía la columna vertebral desviada y los pulmones manchados. ¡Con razón nunca me pude sentar tan derecha como quería la abuela!

❖

Esto pasa por respirar caca de paloma, dijo el doctor que fuimos a ver. Y dijo: Debe evitarlo a toda costa.

Él no sabía, ni tenía por qué saber, que eso era imposible. Porque el edificio Aurora, donde vivimos, tiene un cubo de luz al que llegan a anidar las palomas del barrio, que dejan allí sus excrementos. Pero no los podemos limpiar porque los inquilinos que ocupan los departamentos de la planta baja no nos permiten pasar.

En uno vive una señora que nunca sale de su casa y que vende refrescos, cigarros y dulces a través de la ventana de la sala. En el otro no vive nadie, está siempre cerrado y con un montón de muebles viejos atravesados en el pasillo.

En el primer piso, desde donde podríamos bajar para asear, vive un señor sordo que tiene dos enormes mastines que ladran mucho y atacan a quien se pone en su camino. Y en el otro departamento hay unas ancianas muy amables, que son las que se encargan de cobrar las cuotas, recibir el gas y esperar al camión de la basura, pero son muy desconfiadas y no dejan que nadie entre a su casa.

En los dos departamentos del segundo piso, viven señoras alemanas y las dos hornean pan. Una es ya mayor y tiene un gato, la otra es joven y tiene un bebé. Entre ellas no se hablan y ay de aquel que se atreva a comprarle su producto a una porque la otra lo enredará en chismes y habladurías. Por supuesto, ambas prefieren que el cubo de luz esté lleno de mugre que hacer algún movimiento que pudiera favorecer a la otra.

En el tercer piso vivimos nosotros y en el departamento de enfrente, una señora mayor a la que su hijo divorciado le ha encargado a sus nietos, unos niños gordos y latosos a los que regaña todo el tiempo.

El último piso lo ocupa completo una familia numerosa que para ampliar todavía más su espacio, mandó levantar una enorme columna que atraviesa verticalmente la fachada del edificio y que una vez llegada arriba, se convierte en una plancha de concreto que hace las veces de estancia aunque con ello le tape la luz del sol a todos los demás inquilinos. Pero si alguien les reclama, recibe de respuesta un montón de amenazas pues tanto el padre como los hijos andan siempre armados y presumiendo de influyentismo.

Y ni hablar de subir a la azotea y desde allí quererse descolgar, pues varios vecinos rentan sus cuartos de servicio a estudiantes a los que les encantan las palomas y hasta les ponen comida para atraerlas.

No le haga caso al doctor me dijo la viejita del uno a cuando le conté mi problema, tome mucha agua fría y con eso todo se le va a limpiar, ya verá. Así es la vida en los condominios me dijo la señora del tres b cuando se lo conté a ella, no hay nada qué hacer. Y dijo: Si no le gusta, cómprese su casa propia.

❖

Un mediodía le abrí la puerta a un cliente que era tan parecido a Paco, que hasta grité. Al oírme, el viudo dejó lo que estaba haciendo y vino a ver qué sucedía. Y él también se impresionó tanto que se paralizó.

Tengo hongos en los pies dijo el individuo. Eso lo tiene que atender con un especialista respondí, no conmigo. No son los hongos lo que quiero curar, eso no me preocupa, sino la vergüenza de tenerlos, por eso vengo acá.

Pero ni tiempo tuve de hacer nada con él, porque en ese mismo instante mi amigo, que ya había vuelto en sí, lo empezó a cortejar. Y el otro, alegremente se dejó, aunque no sin antes advertirle: He pasado todos estos años esperando al amor de mi vida. Si lo encuentro me iré con él, pero mientras eso sucede, me quedaré contigo.

Nunca supe como se llamaba el aludido. Cuando le dije ¿Me da su nombre por favor? me contestó: Si se lo doy luego cómo me voy a llamar. Y solito se rió de su broma. Entonces yo le puse Paco Segundo y como no protestó, pues así se le quedó.

❖

En menos de lo que se puede contar, el hombre se mudó a vivir con nosotros. Y con él llegó su madre, una señora de ochenta y dos años, con el cabello canoso recogido en un chongo y una niña de siete que según dijeron, era la hija de su esposa, que se la había dejado cuando se separaron.

El departamento parecía mercado. Día y noche circulaba gente, este se preparaba una taza de té y aquel gritaba que le urgía entrar al baño, uno abría las cortinas y el otro las cerraba, este hablaba por teléfono y aquel veía la televisión.

Yo me encariñé mucho con las dos mujeres. La vieja pasaba el tiempo sentada en un sillón junto a la ventana y contaba muchas historias. Y la niña era dulce y obediente, se entretenía con sus libros para iluminar y sus lápices de colores. Se llamaban Rosalba y Rosalbita.

❖

Doña Rosalba me pidió que quitara de la pared las obras de arte del viudo y los espejos del Feng Shui y en su lugar colgamos sus fotografías, a las que miraba y volvía a mirar. Este es mi padre decía, anduvo en La Bola. Esta de aquí es su primera mujer, se pelearon a la semana de casados y ella nunca más le dirigió la palabra, aunque así y todo tuvieron once hijos. Esta es mi madre, era tiple en un teatro y el viejo se enamoró de ella tan perdidamente, que la sacó de trabajar y la llevó a vivir a su casa, obligando a su esposa a atenderla. Pero la pobre lo pagó caro porque del berrinche la señora oficial se murió y ella se tuvo que hacer cargo del hijerío ajeno, además de que todavía tuvo los propios. Aquí estamos nosotras de pequeñas, mi gemela y yo el año en que cumplimos cinco, cuando mi madre también falleció. Esta es la señora Clotilde, era la amante de mi papá y cuando él enviudó, se encargó de cuidarnos. Pero nos trataba muy mal, insultaba la memoria de nuestra progenitora, no nos daba suficiente de comer y nos bañaba con agua fría. Yo creo que era de puro coraje porque no podía embarazar y tenía muchas ganas. Un día hasta nos hizo acompañarla al cementerio y allí se arrodilló frente a las tumba de nuestra madre para pedirle que la perdonara por tratar tan mal a sus hijas, porque sólo así ella podría concebir. Aquí estamos otra vez mi hermana y yo, el día de nuestros quince años. Siempre andábamos juntas, no nos movíamos una sin la otra. Mi padre decía que nos tendríamos que casar con un árabe para que nos llevara a las dos. Pero no hubo necesidad, pues Rosalma nunca se casó porque se murió. Cuando la seño Clo nos mandó a hacer nuestro primer sostén, muy presumidas nos lo pusimos y nos fuimos a sentar a una banca del parque para que los muchachos nos miraran. Nos sentíamos soñadas, tanto así que ni cuando empezó a llover nos quitamos de allí. Un rayo atraído por las varillas de metal se fue derecho al corazón de mi hermana y la mató.

Yo podía quedarme horas oyendo las historias de doña Rosalba. Hasta dejé de recibir clientes por estarme sentada con ella y con sus memorias. Entre sus fotos tenía la de su boda con un señor de no mal ver, bastante más joven que ella. Este es Max decía, un arqueólogo que vino a México para conocer Teotihuacán y me conoció a mí y nos enamoramos. Yo lo quise mucho, pero lo malo fue que él también me quiso mucho y entonces nunca salía de la casa, no iba a ningún lado, ni a trabajar ni con sus amigos, nomás quería estar conmigo, pegado a mí desde la mañana hasta la noche. Si iba yo al mercado o a comprar estambre o a medirme medias él me acompañaba, no me dejaba ni a sol ni a sombra, yo no podía ni respirar. Y pues me harté. Por eso lo mandé al asilo, aunque apenas rondaba los cuarenta. Allá lo dejé y no he vuelto a saber nada de él.

❖

Rosalbita era una niña muy especial. En ella su madre había aplicado, desde que estaba en el vientre, las teorías modernas de la estimulación de la inteligencia y la creatividad, con una alimentación especial, mucho ejercicio y largas sesiones de escuchar música. Cuando nació, le empezaron a leer las obras maestras de la literatura universal y le dieron juguetes programados para acelerar su desarrollo.

Desde los dos años la llevaron a conciertos, películas, obras de teatro, exposiciones y conferencias. Se sabía los nombres de los pintores, las obras de los músicos, las ideas de los filósofos y hasta las lecciones de sicología infantil que se aplicaba a sí misma diciendo cosas como: Ya no necesito a mi muñeca de trapo porque ya estoy saliendo de esta etapa transicional. Hablaba con soltura varios idiomas, manejaba la computadora como una profesional y era una gimnasta consumada.

Cuando crezca, me advirtió apenas se instaló en la casa, voy a ser un genio de las matemáticas. ¿Y cómo estás tan segura? le pregunté intrigada. Entonces me contó: En casa teníamos un perico que se llamaba Einstein y su nombre fue la primera palabra que dije. Un día como al año y medio, me llevaron al pediatra y en el consultorio tenían colgado el dibujo de un perico. Por supuesto, yo empecé a gritarle Einstein muy emocionada y el buen doctor, que nada sabía del nuestro, decretó que eso era un aviso del destino y aconsejó a mi madre que me preparara para cumplirlo, lo cual ella obedeció sin chistar. Lo único malo remató, es que si no me apuro, todo el plan se va a echar a perder porque sólo se puede ser un genio de las matemáticas antes de los treinta años, después el cerebro se atrofia.

A mí me dio ternura esa niña que nunca había visto las caricaturas ni probado las golosinas ni jugado con alguien de su edad.

❖

Paco Segundo estaba más lleno de manías que el viudo y eso es mucho decir. Era tan exageradamente cuidadoso con su ropa, que cuando la recogía de la tintorería la volvía a planchar y antes de ponérsela otra vez le daba una pasada. Boleaba sus zapatos dos veces al día y se echaba medio frasco de goma para peinar su cabello. Pero bañarse no le gustaba y sólo lo hacía muy de vez en cuando, siempre en tina porque la regadera le desagradaba. Tampoco se lavaba los dientes, prefiero comer una manzana que los limpia mejor decía, aunque a la niña la obligaba a pasarse el cepillo con pasta por lo menos tres veces al día y él mismo se lo hacía a su mamá cuando terminaban de comer.

Lo que más le chocaba era usar el excusado. Prefería una bacinica que vaciaba cuando ya no le cabía más. A las horas más extrañas lo veíamos pasar al baño haciendo equilibrios para no derramar el contenido antes de llegar a la meta.

Detestaba los perfumes, las cicatrices, los calcetines blancos, los vidrios opacos, las plantas de interior y quién sabe cuántas cosas más. Pero eso sí, le encantaba la gente y sabía entretenerla y hacerla reír.

❖

Con él la vida en casa se animó. En las tardes ponía discos de música tropical y nos hacía bailar. En las noches le gustaba salir, ir al cine o a los bares a tomarse una copa, a oír mariachis o a los tablaos flamencos. Y asistía a toda clase de eventos, los que hubiera, presentaciones de libros, inauguración de exposiciones, premieres de películas. En una ocasión fuimos a un concierto en el que un señor tocó una misma nota en un xilófono durante dos horas, mientras otros músicos lo acompañaban con sus respectivos instrumentos. Yo empecé a sentir ganas de aullar, pero después de un rato me tranquilicé y me puse tan bien, que hasta me parecía flotar en una nube y pude escuchar cada flauta y cada violín como si tuviera mil oídos separados. Al terminar, se paró a recibir los aplausos un hombre vestido de negro que había estado sentado debajo del piano con las piernas cruzadas. El público se deshacía de emoción, es una plegaria decía uno, es un rito decía otro, es una epifanía decía un tercero.

Otro día fuimos a escuchar una conferencia con el tema: Suiza y el teodolito político de la triangulación helvética en la cartografía. Durante más de una hora salieron de la boca del que hablaba un montón de palabras que no entendí. Y por lo visto no fui la única, porque una señora se levantó y dijo: Yo vine desde Guanajuato porque pensé que esto iba a ser divertido pero me he aburrido mucho. Y dijo: Deberían prohibirse las conferencias aburridas. Un señor pidió la palabra y dijo que él no estaba de acuerdo, que el tema le parecía importante y la exposición excelente y propuso que se fundara una asociación de mediciones geopolíticas con capítulos locales en cada estado del país. Un viejo que estaba sentado junto a mí dijo: Hubiera preferido oír algo sobre los derechos cívicos en Ginebra a fines del siglo pasado, porque estoy seguro de que en Tabasco siempre hemos estado más adelantados en lo que se refiere a la jurisprudencia.

Estaba yo muy atenta a estos comentarios cuando vi que Paco Segundo se paraba y se iba. Tuve que correr atrás de él para que no me dejara abandonada en el auditorio. ¿Por qué te vas antes de que termine? le pregunté, pero no me contestó. Luego el viudo me explicó que el pobre sufría por ese modo de ser tan inquieto e impaciente que no lo dejaba quedarse en ninguna parte. Así que por favor no le reclames ni lo presiones dijo mi amigo, pues nada puede hacer.

❖

Pero a fin de cuentas, fui yo la que se retiró. Y no de un evento en particular, sino de la pareja. Y lo hice por una razón muy simple: porque Paco Segundo olía mal. Cada vez que se me acercaba, yo hacía un esfuerzo por contener la respiración, por voltear la cara sin que se notara, por inventar un pretexto para alejarme. Su cuerpo y su pelo y su aliento despedían un tufo que me resultaba sumamente desagradable.

Así que empecé a inventar excusas para no ir más a las conferencias, a los bares, a las galerías. Y entonces ellos fueron construyendo un mundo en el que yo ya no tenía lugar: hacían chistes que no entendía, comentaban sobre personas que no conocía y se encerraban en su habitación, disfrutando de su amor.

Fue entonces cuando supe lo que eran los celos: un ardor en el cuerpo, una piedra en la garganta, una mordida en el estómago, la sensación de que estás en el límite y no puedes más. Me puse a espiarlos, a perseguirlos, a hacerles maldades, pero ni cuenta se dieron. Si no encontraban la llave porque yo la había escondido, pues tocaban el timbre. Y si nadie les abría, pues se iban a algún hotel. Si su ropa no estaba en el cajón, pues compraban nueva. Si no había nada de comer, pues se iban a un restorán.

Los amenacé, les reclamé, los insulté, hasta les dejé de hablar, ni los buenos días les daba. Pero lo único que obtuve a cambio, fue la infinita humillación de su indiferencia.

Mi furia era más con el viudo que con Paco Segundo, porque él se había dejado arrebatar de mí así nomás por un desconocido. Me arrepentí de haberlo querido, de haber sido su amiga y de haberle contado mis recuerdos, mis sueños, mis intimidades. Pero más que nada, me arrepentí de haber sido feliz con él.

❖

Fue también entonces cuando conocí el insomnio. No lograba conciliar el sueño ni aunque subiera y bajara treinta veces las escaleras del edificio o tomara treinta tazas de té de tila o escuchara treinta horas seguidas de historias de mis atribulados clientes. Las noches se convirtieron en un tormento, daba vueltas en la cama, me enredaba en las sábanas, me cobijaba y descobijaba, prendía y apagaba la luz, me sentaba, me paraba, me volvía a acostar.

Una vecina que me vio se asustó, mira nada más qué ojeras traes dijo. Y esa misma tarde vino a contarme que alguien le había contado que en la feria del libro de Ixtapan de la Sal vendían un libro que se llamaba El arte de dormir.

En cuanto amaneció, me fui a la terminal y tomé el primer camión para Toluca, que se fue parando en un montón de lugares. De allí me subí a otro, que tardó siglos en recorrer las pronunciadas curvas que van hasta Ixtapan. Y cuando por fin llegué, salí corriendo a la dichosa feria, que nadie sabía dónde era ni nadie había visto.

Después de dar muchas vueltas y preguntarle a montones de personas, por fin di con ella en una calle pequeña detrás de la plaza, por la que pasaba muy poca gente. Eran tres puestos endebles en los que se apiñaban textos usados sobre los temas más extraños. Juntando toda la paciencia que pude, revisé uno por uno hasta que encontré lo que buscaba: un libro pequeño y discreto con su portada amarilla y perfectamente envuelto en papel celofán.

Feliz de mi adquisición, volví a casa deshaciendo el largo camino de las curvas hasta Toluca y de las paradas en todos los pueblos hasta la capital. Y esa misma noche, me acomodé en mi cama y me dispuse a seguir los sabios consejos que allí se exponían para resolver el grave problema que me aquejaba.

¡Cuál no sería mi sorpresa al abrirlo y encontrarme en la primera página con el dibujo de un borrego, de dos en la segunda y así hasta el número cien, que el lector debía contar hasta quedarse dormido...!

❖

Siguiendo el consejo de una mujer que daba consejos en el radio, decidí que lo mejor sería olvidarse del asunto y ponerme a hacer algún trabajo manual. Se me ocurrió construir un arpa, siguiendo los dibujos de un manual que alguien me había regalado. Tenía yo la secreta ilusión de conseguir un sonido lo suficientemente bello, como para que cuando pasaran en la televisión las viejas películas que tanto me gustaban, yo pudiera bajar el volumen y tocar mi dulce instrumento en el preciso instante en que una mujer argentina de voz chillona que actuaba en casi todas, me asestara una canción.

Pero no lo logré. Mis manos eran torpes para esos trabajos, así fui desde niña, a pesar de que mi abuela trató de remediarlo haciéndome desenredar bolas de estambre que a propósito enredaba o poniéndome a coser lentejuelas en telas gruesas. Lo que hice entonces fue dejar de ver cine mexicano.

❖

Siguiendo otro consejo de la mujer que daba consejos en el radio, decidí hacerme de una amiga. Pero como no tenía experiencia en esos menesteres, me fue muy difícil.

Conocí a una que me desesperó porque hablaba todo el tiempo sin parar y a otra que me irritó porque sólo se dedicaba a comprar. Había una que aunque no tenía marido, igual peleaba con su fantasma para no prepararle el desayuno y otra que todo el tiempo quería pasarlo en bares donde bailaban hombres desnudos. Estaba la que dedicaba su vida a conseguir dinero para los niños indígenas y la que lavaba los cuerpos de las mujeres muertas antes de que las enterraran. Una estudiaba historia del arte, otra hacía meditación trascendental, una era fotógrafa del Centro Nacional de la Danza y otra se encargaba de una oficina en la Secretaría de Relaciones Exteriores, pero todas estaban tan ocupadas que resultaba lo mismo que no tener a nadie. Conocí a una que se la pasaba presumiendo de sus éxitos como académica y a otra que no hacía nada todo el día, a una que a la menor provocación sacaba las fotos de sus hijos para contar si hacían esta o aquella gracia y a otra que de todo se quejaba: si íbamos al cine porque había cola, si a tomar un café porque todas las mesas estaban ocupadas, si a visitar a su hermana porque sus sirvientas eran lentas, si a saludar a alguna vecina porque los vasos estaban mal lavados.

La peor fue una que por todo gritaba y se lanzaba a golpes contra quien fuera, en la calle, en las tiendas, en el cine y hasta en su casa. Una vez le dije que me gustaba una cantante norteamericana y se enojó tanto que me dio un tirón que me arrancó un mechón del cabello y otra vez le dije que me gustaba una revista española y se molestó tanto que me dio una mordida que me arrancó un cacho de piel. La mejor era una que dedicaba todo su esfuerzo a luchar por el aborto. Iba a mítines y se paraba afuera de la cámara de diputados con pancartas. Pero yo, aunque vivía agradecida por la operación que me había hecho la comadre, no quería pensar en eso.

A la que más quise fue a una joven que se preparaba concienzudamente para ser artista de cine. Pero un día lo abandonó todo cuando supo que el más famoso de los galanes de moda, al que ella idolatraba, se había casado. Y la más interesante fue una señora mayor, que había viajado por el mundo y conocido a mucha gente, cuya conversación me resultaba fascinante. Pero un día dejó de responder a mis llamadas, porque para ella yo resultaba mortalmente aburrida.

❖

Siguiendo una vez más el consejo de la mujer que daba consejos en el radio, de plano me metí de lleno en el trabajo. Como cada día tenía más clientes, pasaba hasta la madrugada escuchándolos, al fin que de todos modos no podía dormir.

Había tanta gente necesitada de que la oyeran, que algunos empezaron a hablar con doña Rosalba, a la que veían muy sentada en su sillón junto a la ventana.

Y también con Rosalbita. Todo empezó el día que una señora llegó con su niña, que se puso a dibujar y a platicar con la nuestra y se fue después muy feliz. Otra mujer que se dio cuenta, trajo a su hija la siguiente vez que vino, y así se fue corriendo la voz: Terapia de niños para niños, especialidad de la casa.

❖

Mi floreciente negocio de escuchar penas y pesares terminó la tarde en que una mujer me contó por teléfono que su marido la engañaba y que eso la hacía sufrir insoportablemente. Insistía en que le sugiriera qué hacer para remediarlo, lo cual yo jamás hacía. Poco después la oí quejarse de lo mismo en el programa de radio que conducía la mujer de los consejos, quien comentó que a un hombre así deberían matarlo.

A media noche sonó el teléfono y una voz me dijo: Ya lo hice. Aquí estoy con el cadáver, pero necesito hablar con alguien ¿podría ir a verla? Me quedé muda y colgué la bocina. A la mañana siguiente, muy temprano, subí a la azotea y con pintura negra cubrí el enorme anuncio de cigarros que se levantaba orgulloso exhibiendo al mundo un vaquero que fumaba y con grandes letras blancas escribí: No se escuchan más penas ni pesares. Disculpe usted.

❖

Pero esa misma tarde me encontré con que alguien había a su vez tapado mis palabras y en su lugar había puesto otras: No nos abandones por favor, te necesitamos.

Durante varios días hubo manifestaciones frente al edificio en las que montones de gente que cargaban pancartas alusivas me pedían volver.

Pero no volví.

Capítulo cuatro:
De lo que se considera terminar de vivir

En el buzón apareció un requerimiento en papel membretado y sellado. Decía: Presentarse a la oficina de lo contencioso administrativo correspondiente a su Delegación Política. De no hacerlo se aplicarán sanciones.

Aunque no tenía idea de lo que significaban esas pomposas palabras, acudí al lugar y me formé para esperar turno. La fila avanzaba lenta, porque cada una de las personas que me antecedían le estaba guardando su lugar a otros que no estaban allí. Cuando por fin llegué una voz que salía por el minúsculo hueco de la ventanilla dijo: Apúrese a exponer su caso porque ya es mi hora de salir al descanso.

Resultó que querían ver mi permiso para poner un espectacular en la azotea del edificio. Por supuesto yo no lo tenía, es más, ni siquiera sabía lo que era un espectacular. La voz detrás de la ventanilla me hizo saber que así se le llamaba al anuncio de cigarros sobre el que yo había escrito mi despedida del confesionario. Bueno dije, hoy mismo borraré las letras. No es tan fácil señora respondió, para quitarlas hay que tener también un permiso y ese no se le puede extender si no tiene antes el otro, el que la autoriza a ponerlas. Y dijo: Debe dar inicio inmediato al trámite de regularización. Para ello tiene que traer los siguientes documentos, acta de nacimiento, comprobante de domicilio y cartas de dos testigos sobre la veracidad del mismo; seis fotografías recientes tamaño credencial en blanco y negro; si es mujer quien solicita, acta de matrimonio y carta de autorización del marido, autentificada por dos testigos que no pueden ser los mismos que los del caso anterior; credencial de elector, pasaporte y licencia de manejar como identificaciones, las tres son indis-pen-sa-bles; comprobante de estudios debidamente sellado por la Secretaría de Educación Pública; escritura de alguna propiedad al mismo nombre de quien solicita el permiso, o en su defecto, carta del propietario autorizando la operación, autentificada por un notario y anexando los recibos de pago del impuesto predial; estados de cuenta bancarios del último año; certificados del pago de los impuestos personales; cartas de exposición de motivos y justificación de necesidad así como de compromiso para respetar las condiciones de uso de espectaculares en la ciudad, con un párrafo que asegure que pondrá en dicho anuncio la leyenda obligatoria impuesta por el acuerdo con la Arquidiócesis y que dice Nada con exceso, todo con medida; autorización sellada por la Comisión Nacional de Revisión del Lenguaje en Sitios Públicos en la que se establece lo que se puede y lo que no se debe decir; carta para la Secretaría de Relaciones Exteriores con el compromiso de no afectar a ningún país amigo con su propaganda; permisos de la Secretaría de Salubridad, del Departamento de Ecología y de la Sección de Imagen del gobierno de la capital; permiso de uso de suelo de la azotea con carta de los vecinos que lo aceptan; estudio estructural del edificio para asegurar que soporta los tubos sobre los que será montado el espectacular, con el proyecto detallado del mismo que especifique sus medidas, peso y características y con una carta de la empresa en la que se compromete a no aceptar ningún encargo que afecte la moral de los ciudadanos ni las decisiones del gobierno en esta materia; todo en original y dos copias. Luego dijo: Una vez que se reciba lo anterior, se le hará entrega de una solicitud que deberá llenar cuidadosamente y con ella se presentará en la mesa de servicios al público usuario, para que le pongan el sello y pueda hacer el pago de la multa y el de los derechos. Y dijo: En cuarenta y cinco días hábiles deberá recoger su documento de autorización y entonces ya podrá dar inicio al procedimiento de cancelación, previo pago de los derechos así como de los castigos correspondientes por haber infringido la ley. Y dijo: Cualquier inconformidad la puede reportar al número de teléfono que está apuntado sobre este vidrio y por ningún motivo deberá expresarla en voz alta dentro de este recinto, con el objetivo de evitar cualquier escándalo que pudiera afectar la tranquilidad de los ciudadanos y que nos veríamos obligados a evitar llamando a los elementos de seguridad. Y por fin dijo: ¿Alguna duda?

❖

Llevaba más de tres horas en la ventanilla de atención al cliente de la Oficina Única de Tramites Burocráticos Simplificados de la Delegación Política a la que correspondía la colonia Lerdo en la que vivíamos, específicamente en la sección de Permisos para Espectaculares, Anuncios, Similares y Conexos de la República Mexicana y no podía más de sed. Así que salí de allí y me fui a tomar un jugo a la frutería de enfrente. Pedí uno grande de naranja revuelto con zanahoria y betabel y me senté en la orilla de la banqueta a beberlo.

En esas estaba, muy a gusto, cuando vi que un montón de gente entraba por la puerta lateral del enorme edificio delegacional. Por curiosidad me acerqué a ver de qué se trataba. Hay una plática me dijo el policía que cuidaba la puerta, pásele, la entrada es libre.

Era un gran auditorio con butacas de madera, ya ocupadas casi todas por mujeres. Reconocí a las marchantas del mercado, a las empleadas del banco, a las maestras de la escuela, a las que atendían en la farmacia, en la papelería y en la tienda de decoración, a las muchachas del salón de belleza y a algunas amas de casa del rumbo.

La esposa del delegado político daba una conferencia titulada Por una cultura de género. Durante más de una hora, habló y habló de que las mujeres podíamos y debíamos hacerla mejor y que no teníamos que conformarnos con lo que hasta ahora nos conformábamos. Explicó que la protección a la mujer era una de las políticas principales del gobierno de su marido, que desde hacía dos años había instalado un mecanismo de facilitación de trámites por si alguna de nosotras quería emprender un negocio. Para salir de la pobreza dijo, tenemos que construir un país de pequeños empresarios, aunque sea un changarro pero que sea propio. Luego invitó a subir a la tribuna a quien llamó Mi Operador Estrella, el hombre encargado de poner en práctica tan hermosas ideas, una persona intachable como todos los que mi marido ha designado para servir a las y los ciudadanas y ciudadanos, un individuo honesto y de gran calidad humana.

Junto a mí estaba sentada una señora con cara de intelectual, que no aplaudía. Odio lo políticamente correcto dijo ¿y tú, qué opinas? me preguntó. Yo le contesté la verdad: Todo el día de hoy me han hablado con palabras que no sé lo que significan. Mira dijo, lo políticamente correcto quiere decir, como explica un conocido mío, que una frase tan sencilla como el perro es el mejor amigo del hombre, ahora deba enunciarse algo así como la perra y el perro son la mejor amiga y el mejor amigo de la mujer y el hombre indistinta y no siempre respectivamente ¿entiendes?

No pude responder, porque en ese momento subió al escenario el personaje elogiado por la conferencista.

Era nada más y nada menos que aquel joven del jardín de Oaxaca, que amablemente me había invitado a merendar y luego en su cuarto de hotel me había entregado a los lobos. Aunque ahora vestía traje oscuro con corbata y se pavoneaba como todos los que trabajan en el gobierno, apenas si había cambiado.

Me afectó tanto verlo, que tuve que salir del lugar. Afuera un grupo de personas llevaba pancartas que decían: No apoye al candidato de este partido. Cuando le pregunté a una de ellas a cuál partido no había que apoyar, me respondió: No lo sé, nosotras somos apolíticas, sólo le puedo decir que si estuviéramos con alguno, no sería este. Y dijo: Hay que ser siempre de oposición porque los que están en el poder son siempre los malos.

❖

Con mucho esfuerzo pude llegar a la casa. Iba muy alterada así que obedecí los sentidos de las calles para los autos, como si no fuera yo a pie. Eso me significó detenerme en los semáforos cuando la luz era roja y no dar vuelta a la izquierda donde estaba prohibido y rodear la manzana completa si era sentido contrario.

Tardé más de una hora en recorrer el trayecto que normalmente hacía en diez minutos. Y cuando por fin lo logré, no reconocí el Condominio Aurora. En el tiempo que estuve fuera, habían colgado sobre la fachada una manta gigante que decía: Queremos Pepsi Light, no nos gusta la Pepsi Max. Muerte a la Pepsi Max. Viva la Pepsi Light. Y en letras más pequeñas: Por órdenes de la inspección general, los anuncios en tela no requieren permiso oficial ni autorización de los vecinos. Aplican restricciones.

❖

Subí las escaleras de muy mal humor, ni saludé a la vecina y hasta le di un empujón a uno de los mastines que volvía de hacer sus necesidades.

Al abrir la puerta del departamento, allí estaba el viudo, limpiándose los dientes con la punta de un cuchillo y escupiendo la sangre que le brotaba de las encías sobre un plato con restos de pastel. No seas cochino dije, la próxima te voy a servir el postre en un cenicero.

¿Qué le pasa? ¿Por qué viene tan alterada? preguntó sorprendido. Pero como ya hacía tiempo que no le contaba nada de mí, respondí lo primero que se me ocurrió: Me encontré a un tipo que una vez me robó. Entonces dijo: Los diputados están estudiando un proyecto de ley para obligar a un agresor a resarcir el daño hecho a su víctima. El que roba deberá regalar, el que abusa se deberá dejar humillar, en una palabra, el que haga llorar deberá pagarlo haciendo reír.

Sus palabras me acabaron de enfermar. Me imaginé al juez ordenándole al gordo aquel que se casara conmigo y me vi sirviéndole de comer y dándole a un montón de sus hijitos, todos iguales a él, sus mamilas llenas de Pepsi Light.

❖

Primero fue el estómago. Varios días estuve mal, vomitando y con fiebre. Doña Rosalba se levantó de su sillón y me preparó caldos que la niña me daba a cucharadas.

Luego fue la gripa. Sentía el cuerpo cortado, los brazos y piernas fríos, la cabeza caliente y la nariz escurriendo. Doña Rosalba se levantó otra vez de su sillón y me preparó infusiones que la niña me daba a cucharadas.

Cuando me empezó a doler el pecho, encargué a la farmacia y a la clínica veterinaria los mismos antibióticos que alguna vez hacía mucho tiempo le había yo recetado al viudo para ese mal. Y lo mismo que a él, me curaron pero me destrozaron el estómago, con lo que otra vez empezó el asunto de los caldos.

La primera noche que por fin pude dejar la cama y cenar en el comedor con los demás, vi en el noticiero que en una riña en la cárcel de mujeres habían linchado a una joven presa desde hacía varios años, acusada de secuestrar a una escritora famosa y de pretender ser ella. Y otra vez, el estómago me dolió.

❖

Unos días después, el viudo me mostró en el periódico un artículo póstumo firmado por Elsa Susana M. de Lara viuda de Reyes Luján. Se llamaba: Vivir la vida en la ciudad de México, la más romántica del mundo. Primera de tres partes.

Qué París ni qué Venecia, qué Acapulco ni qué Hawaii. En ninguna otra parte del planeta existen sitios tan hermosos como los que hay en la capital de nuestro país. Chapultepec, sus miles de visitantes ocupando cada milímetro del espacio disponible, los enormes botes rebosantes de basura, las lanchas del lago copadas por pandillas que empapan al que se acerque, las colas infinitas para subirse al tren o para ver a las focas, los puestos que impiden el paso y echan al aire su olor a fritangas, los limosneros que asedian a todo mundo y el montón de niños que corretean cruzándose entre las piernas del transeúnte, que avientan una pelota que se nos viene encima derechito a la cabeza o que andan en bici atropellándonos sin piedad.

Cuando cumplí quince años, soñaba con un baile como los que anuncian en el periódico: vals para debutantes, igualito al de Viena. Mi mamá ahorró centavo sobre centavo para cumplirme el sueño y en una tienda del centro me compró el vestido lleno de tules y perlas. No fue fácil llevarlo a casa, haciendo piruetas en el metro para tenerme en pie y para que no se ensuciara. Pero cuando por fin llegamos, al enseñárselo orgullosa a mi hermana, nos dimos cuenta de que el cierre no subía, que me habían engañado. Pero mi dulce madrecita no me dejó llorar y se ofreció a arreglarlo.

El mero día tomamos un taxi para irnos a la misa y de allí al salón La Ilusión. Íbamos muy felices, apretujadas sobre el asiento medio vencido, cuando nos dimos cuenta de que nos llevaban por otro camino. Más de una hora dimos vueltas, hasta que el chofer se encontró con unos amigos suyos que se nos fueron encima a las tres.

Para cuando nos dejaron ir, la fiesta había terminado. Además, imposible presentarse así, con el vestido todo roto.

Cuando cumplí dieciséis, un chamaco que era mi vecino y que nos teníamos buena voluntad, me invitó a pasear a Xochimilco. Es el lugar más precioso que existe dijo mi hermana, me da envidia que vayas allá. Preparándome para el acontecimiento, en una tienda de la colonia Roma compré unos hermosos zapatos blancos. Pero en cuanto llegué a la casa me di cuenta de que me habían engañando envolviéndome unos de talla más grande, imposibles de usar. Así que mi buena madrecita que siempre me ayuda, se fue a reclamar. Y todo para que el mero día, en cuanto nos subimos al camión, quedaran negros por los pisotones pues el Insurgentes-Nativitas iba atascado. Y en una de esas dio tal enfrenón, que salí disparada y me di en la nariz que se soltó a sangrar. Mi amigo me secó con su camisa que olía a mugre, pero no lo puedo culpar, desde hace ocho días falta el agua en la colonia.

A los diecisiete tuve mi primer novio. En las tardes, cuando terminaba de hacer la tarea y de ayudarle a mi mamá a lavar los platos de la comida, nos íbamos al parque, nos sentábamos en lo que quedaba de lo que alguna vez había sido pasto, un zacate seco y amarillo que picaba las piernas y olía a orines, pero a mí no me importaba porque Juan me decía cosas bonitas. A veces comprábamos un helado en el carrito que se paraba junto al puesto de periódicos y mientras lo chupábamos, nos quedábamos mirando las revistas con fotos de mujeres desnudas de tetas descomunales y asesinados con los ojos muy abiertos. No había vez que la nieve no se derritiera antes de que nos la pudiéramos acabar, el piso quedaba manchado y pegajoso igual que nuestras manos y entonces buscábamos alguna fuente para enjuagarnos, pero todas estaban secas, rotas sus figuras de ranas o de ángeles, lleno su interior de bolsas y latas vacías.

A los dieciocho tuve otro galán, ese era más aventado. Me llevaba a callejones oscuros para besarme recargados en alguna barda de esas pintarrajeadas con letreros y dibujos, pero casi siempre se nos echaba a perder el plan, porque cuando no se aparecía un perro pulguiento que buscaba dónde hacer sus necesidades, se aparecía alguna banda de chavos que nos quitaba lo que traíamos, así perdí mis aretes de perlitas que me habían regalado el año pasado.

Ese novio trabajaba como repartidor de pizzas, por eso andaba lleno de golpes y moretones, por las caídas de la moto. El día que me atropellen decía, me voy a comprar por fin un coche con la indemnización. Y lo hizo, aunque sólo le alcanzó para uno bastante amolado, al que poco a poco le fue arreglando el motor y la pintura. ¡Se sentía el dueño del mundo y venía por mí para llevarme a pasear! Le gustaba estacionarse donde no hubiera luz, para abrazarnos. Pero tampoco podíamos, porque apenas empezar, ya se había aparecido la patrulla que nos echaba encima la luz y nos pedía dinero o nos amenazaba con llevarnos a la Delegación.

Cuando terminé con Juan quedé muy triste. No sabía qué hacer conmigo misma. Iba a caminar a las plazas a donde se reúnen los jóvenes, en Coyoacán, en Tlalpan. Las ratas gordísimas se paseaban tranquilamente, sin molestarse siquiera en correr. Tenían todo el tiempo del mundo para seleccionar entre los elotes mordisqueados y las sobras de tacos al pastor.

Para alegrarme, los amigos de mi hermana me invitaron a un café en un lugar al que nombran la Zona Rosa, pero no pude cruzar palabra con ninguno, por aquello de que estaban muchas teles encendidas y la música a todo volumen. Otro día me volvieron a invitar, ahora a un parque que le nombran Los Viveros, que según me habían dicho era muy bonito, aunque la verdad a mí me pareció que había demasiados escupitajos y colillas de cigarro regadas por el suelo.

En ese grupo conocí al Samuel. Era muy guapo, parecía artista de telenovela. Y muy cachondo, siempre me quería meter mano. Yo pegaba de brincos con los claxonazos pero él ni se inmutaba y seguía en lo suyo. La última vez que lo vi fue en la esquina del eje vial que pasa cerca de casa de mis abuelos, pero nunca pude cruzarlo para encontrarnos, los coches jamás bajaban la velocidad y si yo trataba de aventarme, me decían cosas feas. Hasta que se desesperó y se fue.

Según mi mamá, allí está la demostración de que tengo un ángel de la guarda, porque cuando le conté que íbamos a ir a conocer la Universidad, me dijo de una chava a la que violaron porque por allá está muy solo. Mejor ir a lugares donde hay gente dijo, más vale que nomás te quiten la bolsa.

A mí me gusta mucho salir ¿para qué quiero estarme en la casa? Basta que mi jefa me vea por allí para que me ponga a ayudarla en el quehacer. En cambio afuera puedo ver a todas horas la puesta del sol porque el cielo está siempre rojo y puedo cantar en medio de la lluvia como hacen en las películas porque después de que caen los chubascos el agua se queda saliendo a borbotones de las coladeras. Pero lo mejor es que no tengo que avisar dónde ando, todos saben que los teléfonos nunca sirven, así que ya ni me lo exigen. Aunque de todos modos no puedo andar fuera mucho rato porque si me dan ganas de ir al baño, pues no hay dónde, en cualquier restorán o tienda que pido permiso me dicen que no, que si pudieran con mucho gusto, así que me tengo que regresar a la casa.

Esta es mi ciudad, la que tanto me gusta y que como dije, es la más bonita y romántica del mundo. Continuará. No se pierda mañana la segunda parte de este estrujante y verídico relato.

Cuando terminé de leer, me quedé pensando que mi doble tenía razón en lo que decía y que lo había escrito como a mí me hubiera gustado hacerlo. ¡Lástima que nunca le pude avisar que ya no usaba el nombre de Elsa!

❖

Todavía no me sentía del todo bien de salud, cuando tocaron a la puerta. Rosalbita abrió y resultó que allí estaban mis tres hijos con su papá. O dicho de otro modo, allí estaba José Antonio o Antonio José, ya no me acuerdo de cuál era el orden correcto de sus nombres, con nuestros vástagos, dos jóvenes y una señorita.

Está mal dijeron, necesita que alguien lo cuide y nosotros no nos podemos ocupar. Y dijeron: Te lo venimos a dejar. Eso fue todo. Depositaron un bulto y se fueron sin decir adiós.

Sentí compasión por aquel hombre que había sido capaz de hacer multiplicaciones y divisiones mentales en unos segundos, que había asesorado a sus parientes y amigos para las mejores inversiones y que había manejado la información confidencial de tres presidentes, dándose tiempo todavía para estudiar sobre armas, barcos de guerra y aviones militares y que hoy no podía recordar cómo se suman dos más dos.

El viudo también le tuvo piedad. Me ayudó a acomodarlo en el sillón grande de la sala, el que usábamos para ver la televisión, y lo comenzamos a cuidar.

❖

Mi vida se convirtió en la de una enfermera-sirvienta-secretaria: ayudaba a mi marido a lavarse y a comer, lo acompañaba a hacer sus necesidades, cosa que sucedía cada media hora más o menos y sobre todo, lo soportaba. Porque Antonio José (¿o José Antonio?) seguía siendo muy latoso. Acostumbrado desde siempre a los mimos de su madre, no había quién le pudiera seguir el paso: Mujer llévame al baño, mujer tengo hambre, cámbiame de postura, léeme un libro, platícame algo, llama al doctor, hace mucho frío, apaga la tele, prende la tele, qué calor hace aquí, ya no hagas ruido, cuánto silencio hay en esta casa.

En sus momentos de lucidez, su obsesión era el teléfono: tres, cuatro y hasta cinco veces al día llamaba a una mujer a la que le suplicaba con una voz dulce y al mismo tiempo torturada que se casara con él. Te doy la oportunidad de que me quieras y me atiendas y me hagas favores decía y quién sabe qué le contestaba aquella que poco a poco se iba enfureciendo y subía la voz hasta que invariablemente terminaba gritando: Pues déjalo, lo que yo te ofrezco es mejor para ti. Otras veces buscaba en su gastada agenda de piel los números de viejos conocidos y les llamaba para contarles sobre sus excrementos que se habían vuelto su tema favorito de interés y conversación. ¿Sabías que la caca cambia de color según la hora del día en que uno va al baño? preguntaba, ¿sabías que dependiendo cuánta agua hayas tomado el día anterior su consistencia es más blanda o más dura? preguntaba, pero nadie sabía las respuestas.

❖

En esos días supe lo que es aburrirse. Vivía encerrada cumpliendo los caprichos de Antonio José o José Antonio, y el tedio era tan grande que regaba las plantas y las volvía a regar, varias hasta murieron por exceso de agua, trapeaba el piso y lo volvía a trapear, no porque me diera por la limpieza exagerada sino para llenar los días tan largos. Ya no podía salir a caminar porque era imposible dejarlo solo ni un minuto y tampoco era cosa de llevarlo conmigo porque me avergonzaba: se ponía a pedir limosna o se metía a las misceláneas y como niño hacía berrinches para que le comprara golosinas.

❖

Y por si cargar con el enfermo no fuera suficiente, había que soportar que al viudo y a su galán les dio por pelear. Y no les gustaba hacerlo en privado, querían tener público. Estábamos comiendo o descansando y ellos en sus fenomenales broncas. Caminaban por toda la casa, subían y bajaban por el edificio, salían a la calle y daban vueltas alrededor de la manzana insultándose y gritándose: Ni creas que me vas a convertir en una jerga como hizo tu papá con tu mamá decía uno, ni tú creas que yo seré tu hazmerreír como lo fuiste tú de tu esposa decía el otro, eres idéntico a tu padre decía uno, eres idéntico a una hiena decía el otro.

En una ocasión en que Lupita vino a visitar a su padre y los encontró en esas, se los reclamó. Mira niña, le contestó el viudo, en tiempos de tus abuelos la gente se escondía para pelear, podían estarse matando pero si alguien llegaba ponían buena cara y fingían que no pasaba nada. Yo me propuse que en mi vida y en mi casa no habría secretos ni ocultamientos, que todo sería abierto, sincero y honesto. Y dijo: Lo único que quiero es dar el salto moral que significa el abandono de la hipocresía.

Mi hija, que cuando nació recibió mi nombre pero luego la abuela se lo cambió por el de ella, se quedó muy impresionada con las palabras del viudo y desde entonces empezó a venir todos los días a verlo, le trae regalos, se sienta junto a él y lo escucha con reverencia. Es el hombre más maravilloso del mundo dice, los ojos arrasados de lágrimas, ella que es más fría que el vidrio.

❖

Ayer, a las siete horas y siete minutos de la mañana, tembló. Las lámparas empezaron a moverse de un lado a otro, de las paredes salían rechinidos y se oían los gritos y rezos de los vecinos.

Rosalbita creyó que la despertaba para ir a la escuela y se paró corriendo. Yo fui atrás de ella y nos quedamos detenidas en el marco de la puerta. Luego aparecieron los demás, Antonio José que de nada se había dado cuenta y sólo quería que lo llevara al baño, el viudo que se había querido proteger metiéndose al clóset pero no cupo por tanta porquería que guarda y Paco Segundo que se fue derecho al sillón de su madre y se refugió en su regazo como si fuera un bebé.

Esa tarde vimos en la televisión que la casa de doña Rosalba, que ya nadie habitaba, había quedado aplastada debajo de una escuela que se había derrumbado. La recámara del tercer piso estaba ahora en la planta baja, junto al jardín. Entre los escombros, la cámara captó algunos objetos que ella reconoció: Mira dijo, ese trapo blanco es la cobija con la que tapé a mi hijo cuando nació. Durante 35 años la cuidé con esmero y ahora está allí, sucia y hecha trizas.

Y de los puros nervios, a sus ochenta y tantos años la señora empezó a fumar.

❖

El domingo, a la hora de la comida (habíamos pedido a domicilio del restorán chino), Paco Segundo le propuso un trato al viudo: Te ofrezco mil dólares al mes desde hoy y hasta que te mueras, dures lo que dures, para que cuando ya no estés en el mundo, tu departamento pase a ser mío. ¿Y cómo sabes que me voy a ir antes que tú? preguntó divertido mi amigo, ser joven no es garantía de durar más, a lo que aquél respondió: A fuerza va a ser así, porque siempre estás a dieta, hasta pareces gringo, toda la vida queriendo enflacar. Y dijo: Mírate, un día te pones verde de tanta lechuga y otro te escaldas la lengua de tanta piña, un día te tragas una solitaria para que se coma lo que sobra de alimento, pero al menor descuido lo que se va a comer será tu intestino y otro día te provocas el vómito y luego ya no lo vas a poder parar. Pero la peor es esa costumbre que te ha dado de quitarte la sal, pues te va a dar un bajón de potasio y allí te vas a quedar, engarrotado por los calambres y con el cerebro cubierto de neblina. Alguien tiene que jugarse la vida por las cosas que valen la pena respondió el viudo (que no había probado bocado de lo que nos habían traído), pero está bien, acepto el trato. Y se puso a hacer cuentas de que si le quedaran veinte años de vida, ya con eso se habría pagado el costo de su condominio, ni se diga si vivía todo lo que pensaba vivir.

Y sobre todo, lo que estoy segura que más le gustó, fue pensar que así amarraba al novio.

❖

Pero a los dieciocho mil dólares el trato terminó. Un 15 de septiembre fuimos a la plaza de Coyoacán a comer buñuelos y a festejar la Independencia. El viudo y su amigo se pusieron a echar cuetes y a Paco Segundo le reventó uno en la mano que le arrancó dos dedos y le dejó un boquete enorme. Mientras la ambulancia pudo atravesar a la compacta muchedumbre y llegar a recogerlo, el hombre se había desangrado.

❖

Tuve miedo del sufrimiento del viudo, miedo de que quisiera cometer una tontería, miedo de que no soportara el dolor. Pero para mi sorpresa, ni cuenta se dio de lo que había sucedido. Preguntaba por su amigo y yo le contestaba no ha llegado o está haciendo la siesta o se fue a trabajar y con eso se quedaba muy tranquilo. Al rato volvía a preguntar y yo le volvía a responder lo mismo y otra vez se quedaba muy tranquilo.

La que en cambio no lo resistió fue doña Rosalba y la enterramos pocos días después. Fue difícil meterla en la caja porque ni cuenta nos dimos de cuándo falleció. Rosalbita nos lo vino a decir, pero ya estaba endurecida en su posición de sentada en el sillón junto a la ventana. Tal vez fue el tabaco dije yo, porque le entró al vicio con singular alegría, tanto que la casa y hasta nosotros olemos a humo. Lo que pasa dijo la niña, es que desde que se murió su hijo nadie le dio sus medicinas para la presión. Pero para cuando lo supimos, ya era demasiado tarde.

❖

A José Antonio le ha dado por reclamarme por cualquier cosa que no le gusta. Es el mismo enojón y arrogante que era cuando estábamos casados, no se ha dado cuenta de que ese modo de ser ya no viene al caso en su situación. Pero si me defiendo y le respondo, ostensiblemente le baja el volumen al aparato que lleva en el oído y no escucha ni una de mis palabras.

Le enfurece que falte el agua, como si yo tuviera la culpa y no el temblor que todo lo destruyó y los que gobiernan que no lo componen. Le enfurece que se vaya la luz, como si yo tuviera la culpa y no el temblor que todo lo tiró y las autoridades que no lo levantan. Le choca que el gas no llegue, que el teléfono se cruce y conteste su llamada un desconocido, que el edificio huela a lo que están cocinando en los otros departamentos. Le saca de sus casillas el desorden, a Rosalbita la regañó por dejar su mochila en el pasillo y a Lupita porque no guardó el sartén en su lugar. Pero sobre todo, se pone como energúmeno con el ruido, cuando los automovilistas tocan el claxon o los vecinos oyen muy alto la música.

Una madrugada nos despertaron unos martillazos. Cuando fuimos a ver qué pasaba, vimos que Antonio José estaba subido en un banco golpeando el techo con un martillo. Me estoy desquitando de sus tacones, de su tocadiscos, de sus perros que ladran, de sus fiestas de los sábados dijo. Lo pienso hacer noche tras noche hasta que no soporten más y se cambien de casa. Y así fue: cada madrugada, a las cuatro en punto, sonaba el despertador y el hombre se levantaba y se ponía, como él decía, a trabajar.

Pero lo que más ira le daba era percatarse de que algún día se iba a morir. Y no porque entendiera la gravedad de su enfermedad, sino simple y llanamente por capricho. No quiero irme nunca de este mundo, decía. Escucha mujer, he pasado mi vida ganando todas las batallas, no voy a perder esta, te lo advierto. Insiste, grita, se enoja, insulta y afirma que con él la muerte se la va a pelar, no en balde mis abuelos eran españoles, conmigo la muerte no pasará. Eso dice en los ratos en que le regresa la lucidez.

❖

Un día encontré unas pastillas que no supe de quién eran ni para qué servían. Espié a mis hombres hasta dar con que el viudo las tomaba y se las daba a Antonio José. Cuando lo confronté me dijo que se trataba de un tratamiento experimental que quitaba el miedo a la muerte. Y dijo: Tú deberías tomarlas también.

Pero yo no quise, porque aunque al miedo lo conocía bien, nunca había pensado en eso de morir.

❖

A los que en cambio no conocía era a mis hijos, ni idea tenía de cómo eran. Pero ahora que venían a visitar a su padre, los pude observar.

A mí me habían borrado de sus vidas, al punto de que ni siquiera usaban mi apellido, sino el de su abuela. Seguían viviendo en la casona de su padre y por lo visto contaban con suficientes recursos porque traían buena ropa y buenos autos.

El mediano es simpatiquísimo. Tiene tantos amigos que no le alcanza el día para verlos, ir a las fiestas, hablar por teléfono con ellos. Trae colgado en la cintura un aparato que le avisa: Te llamó fulano, nos vemos en casa de zutano, te estamos esperando, apúrate.

A pesar de sus años en la academia militar a la que lo mandaron de muy joven, y a pesar de la abuela tan rígida que lo crió, hace bromas y nos divierte a todos. Lo mejor es cuando le da por contar chistes y actuarlos. Dice: Va un señor por la calle vendiendo cangrejos. Lleva dos pesadas cubetas, una en cada mano, ofreciendo su mercancía. Un cliente le pregunta ¿Por qué una va destapada y otra tapada? El hombre responde: Los de la tapada son importados, si quieren escaparse se suben uno sobre otro hasta que alguno logra salirse. En cambio los nacionales van destapados porque cuando uno empieza a subir, los de abajo se encargan de jalarlo y regresarlo a su lugar.

Y nosotros nos desternillamos de risa.

Su blanco de burlas preferido es su hermana. ¿Ya oyeron como habla esta señorita con un español que parece traducción del Discovery Channel? pregunta impostando la voz. Y él mismo se responde imitando los gestos de Lupita: Me fascina el pedrero inglés Jim Morrison y admiro la barcoguía de Nelson Mandela y qué bonitos los terneritos de la ballena. Y sobre todo le encanta hacerla enojar porque estudia sociología en una universidad privada. Ay dice, ¿para qué estudiar a la sociedad si es lo peor que existe, si se les va en puro chisme?

Mi hija refunfuña y repela que esa no es la sociología sino más bien las relaciones sociales, pero le perdona todo porque lo adora. Y a veces hasta le contesta siguiéndole el humor: No doy una presa por lo que dices y besa a tu burro.

❖

El mayor en cambio, es un muchacho arrogante, que dedica todo su tiempo a trabajar y no tiene amigos. Según su hermano, es culpa de la abuela que se pasó la vida repitiéndole que era el primogénito y por tanto el heredero de un apellido tan ilustre, que tenía la obligación de cuidar muy bien con quién andaba, jamás con un judío ni con un protestante porque esos son herejes, jamás con un latino porque no les gusta trabajar ni con un eslavo porque beben demasiado. Los japoneses no porque son chaparros, los españoles no porque huelen a grasa, los brasileños no porque andan medio desnudos y los gringos no porque adoran la pornografía. Dice que antes de hacerse amigo de alguien debe preguntarle: Disculpe, ¿aquí hay escasez de carne? Si responde ¿qué es carne? ya sabe que es ruso y no sirve, si responde ¿qué es escasez? ya sabe que es gringo y no sirve, si responde ¿qué es disculpe? ya sabe que es israelí y tampoco sirve.

Total, que el pobre era un solitario. Por aquellos días preparaba sus papeles para pedir una beca. El bromista dice: Lo que quiere es, como diría Lupita en su español de programa de televisión mal traducido, que le den su grado de soltero y así asegurarse de que nunca se tendrá que casar.

A mí no me dirige la palabra, hace como si yo no existiera. Cuando quiere que me entere de algo habla al aire, pero cuidando que lo escuche. Dice: No quiero esa rebanada de pastel que me fue servida, no acostumbro comer nada entre comidas. Dice: ¿Por qué no se firmaron los papeles que fueron dejados ayer sobre la mesa?, no acostumbro dar dos veces las instrucciones. A su hermano lo regaña porque va de compras los sábados, la gente bien va a las tiendas entre semana y sale de la ciudad el fin dice, sólo los nacos pasean los domingos en los centros comerciales dice.

Hace poco le dio hepatitis. Yo me enteré por casualidad y fui a visitarlo con una caja de chocolates, porque la vecina me dijo que el dulce es bueno en esos casos, pero no me recibió ni a mí ni al obsequio. ¡Y con lo caro que me costó el taxi de sitio para ir hasta allá!

❖

Mi hija tampoco es amable. Ni conmigo ni con nadie. Su carácter es agrio y siempre tiene cara de enojada. Desde que estaba en el kinder se hizo novia de un niñito llamado Federico. De pequeños jugaban, de adolescentes comían helados tomados de la mano y de jóvenes estudiaron la misma carrera. Nadie los podía imaginar separados. Ya era cosa aceptada que se casarían. Pero un día ella no le contestó más el teléfono ni le volvió a abrir la puerta. El pobre muchacho andaba desesperado, sin entender qué sucedía, pero digna nieta de su abuela, ella no se conmovió. Yo en cambio me preocupé tanto, que dejando de lado lo que había prometido en el grupo de Religiosos Anónimos al que alguna vez asistí, volví a prender velas e inciensos, hice ayunos y vigilias, mandas y promesas y recé pidiéndole al Señor que mi niña encontrara al hombre de su vida.

Y Dios me escuchó. Sólo que como no le especifiqué los detalles, ese fue nada menos que mi amigo el viudo. Un día Lupita simple y llanamente se vino a vivir a la casa, instaló un catre junto a la cama del personaje y dijo: Voy a hacer mi tesis sobre sus distintas maneras de sonreír y sus posibles significados sociales.

Un mes después, su adoración había crecido tanto, que dijo: De hoy en adelante me dedicaré a atenderlo y cuidarlo, a prepararle de comer, lavarle su ropa, acompañarlo en sus enfermedades y velarlo en sus sueños.

Y su decisión fue tan firme que ni ruegos, ni burlas, ni amenazas lograron hacerla cambiar de opinión.

❖

La que en cambio no es capaz de tener firmeza en sus decisiones soy yo. Si veo a una vecina con montones de anillos, voy y me compro dos para cada dedo de las manos y de los pies. Si veo a alguien con una faja en la cintura porque le operaron la espalda, me empieza a doler la cadera y voy y me compro una para mí. Si Lupita cecea porque trae los dientes con fierros para enderezarlos, yo también empiezo a cecear. Como Antonio José no oye nada y para todo pregunta ¿qué? yo también siento que me estoy quedando sorda y cada cosa que me dicen pido que me la repitan. ¡Hasta cojeo como el perro del vecino que se lastimó la pata! Si al viudo le dio por usar lentes de aro metálico, yo tiro los míos de pasta y me pongo unos como los que usaba mi abuela. Y me gasté una fortuna en un aparato de esos que transmiten mensajes para usarlo colgado a la cintura como hace mi hijo el amiguero. Lo malo es que a mí no me llama nadie, así que desde que lo compré no ha sonado una sola vez.

De todas las porquerías que adquirí por imitar a los prójimos, sólo una resultó genial: un aparato que pedí a la empresa inglesa de artículos por correo Boots (teléfono 00 44 171 636 3942 hasta abril del año 2000, después 00 22 207 636 3942). Es una lámpara especial que si se pone uno frente a ella una hora al día, con su luz basta para aliviar la depresión.

❖

Ahora que mi hija es experta en sonrisas, yo me estoy convirtiendo en experta en enojos. Me doy cuenta de que la gente se enoja de manera muy diferente. Lupita se prende en un segundo, primero sube la voz y luego ya de plano grita, insulta y hasta se lanza a los golpes. El viudo al contrario, va poco a poco, como si el coraje se le fuera desenrollando despacito. Mi hijo mayor se queda mudo, pero uno ve que por dentro está hirviendo, las mandíbulas apretadas, la cara enrojecida. Y las cenizas le duran mucho tiempo calientes. El mediano en cambio se pone a hacer más chistes como si nada le afectara. Rosalbita pone cara de sorpresa y empieza a hablar con una voz cada vez más delgada y aguda hasta que se le sueltan las lágrimas.

¿Y yo? Eso no sé. Gracias a mi lámpara inglesa hace tanto que no me enojo que ya hasta se me olvidó cómo hacerle.

❖

Lupita pasa mucho tiempo con el viudo y los dos ven por su papá, así que yo aprovecho y me salgo. Allí cerca está la Casa de la Cultura en la que dan clases de muchas cosas: un día hago macetas de macramé y otro aprendo las notas de una pieza para guitarra, un día entro a la sesión de nutrición y me entero de que el nopal no tiene ninguna vitamina y otro me asomo al seminario de danza donde proyectan una película en la que varios hombres semidesnudos, apenas cubiertos con taparrabos, se mueven bajo el peso de enormes penachos de plumas en la cabeza y al ritmo de sonajas alrededor de los tobillos y las muñecas, igual a los que piden limosna en las esquinas. Son nuestros ancestros nos explican, los de unas civilizaciones magníficas. En la clase de historia cuentan de una emperatriz extranjera que vino a México y que hacía fiestas y derrochaba el dinero mientras la esposa del presidente legítimo pasaba hambres y se le morían los hijos. Es nuestro pasado nos explican, el de unas luchas grandiosas. El curso que más me gusta es el de política mundial donde hablan de las guerra en Europa. Me impresiona saber que en el centro del lugar que todos ponen como ejemplo de civilización y a punto de terminar el siglo XX, todavía suceden esos horrores.

Esa tarde, con lágrimas en los ojos, le conté a mi hija de las violaciones, matanzas y expulsiones, le platiqué de las fotografías que habíamos visto de hombres, mujeres y niños demacrados y agotados, huyendo de su patria con los labios resecos, el hambre y el miedo. Ella se me quedó mirando con esos ojos suyos tan fríos y cortantes y dijo: ¿A ti qué te importa todo eso? ¡es del otro lado del mundo, no te afecta en nada! Y luego dijo: Tragedia la que me sucedió a mí, porque los estúpidos de la tintorería me echaron a perder mi vestido y lo necesitaba para el sábado.

❖

Mira mamá, me dijo Lupita esa misma noche, por lo visto tú no entiendes nada de lo que es importante en la vida y te azotas y flagelas por tonterías. Y dijo: Lo que deberías hacer es dejar de pensar en lo que no te toca y darle gracias a Dios de que ya existen buenas cremas para el cutis graso y de que ya se sabe lo que es la felicidad. Y me entregó una revista de esas grandes y caras en la que pude leer: La felicidad, ¿acaso es mecerse suavemente en una hamaca junto al mar? ¿o lamer la salsa que queda en el plato luego de degustar un suculento filete preparado por un novio de clase superior? ¿o quizá meter los pies en unas botas de suave piel de la marca más fina? ¿o echarse mucho perfume sólo porque nos gusta su aroma de violetas o de rosas?

❖

La idea del amante se le ocurrió a ella, a mi hija. El viudo le contó que desde hacía varias semanas yo salía largo rato en las tardes y regresaba muy contenta. Ella dijo: Mi madre siempre ha sido rara. Una mujer que es capaz de tener sueños eróticos con su propio marido, bien podría ser que anduviera con alguno. Y mirándome directo a los ojos agregó: Fue tu amigo el que me contó tus fantasías, así que de nada te sirve negarlo, él sabe todo de tu vida.

Yo no me enojé, estaba tan a gusto con mis clases que no tenía ganas de preocuparme de los chismes del viudo. Pero sus palabras me hicieron pensar que no era mala la idea y me di entonces a la tarea de buscar a quien pudiera desempeñar ese papel.

Miré entre los vecinos, entre los compañeros de los cursos, entre los dependientes de las tiendas del rumbo. A todos les fui ofreciendo si alguno quería ser mi amante, pero nadie aceptó: Estoy casado decía uno, ya tengo una querida decía otro, no me alcanza el sueldo argumentaba un tercero, soy seropositivo decía un cuarto, a mí no me interesan las mujeres respondía el quinto.

Hubo uno que estuvo a punto de caer: el vendedor de alfombras. Y no porque yo se lo propusiera sino por puro azar. Al pasar frente a su negocio vi un letrero colgado en el aparador: Se liquidan persas y afganos. Por supuesto, entré a reclamarle por sus ideas de limpieza étnica. Nos referimos a los tapetes señora, no a los gatos o perros, me explicó paciente ¡de los humanos ni siquiera estaba enterado!

Así fue como empezó nuestra amistad, la que sin embargo nunca pudo pasar a más, porque no encontramos cómo hacerle para que el hombre pudiera retirarse unos minutos del mostrador. Pero lo que conseguí en lugar de las pasiones corporales, fue aprender algo de lo mucho que sabía de su oficio: que los tapetes de seda los tejen niñas de ocho y nueve años, pues una vez que se vuelven señoritas ya no los pueden tocar y que aun en los más finos, dejan siempre un hilo suelto porque sólo Dios hace las cosas perfectas.

❖

Uno de esos días en que iba yo por el centro comercial a buscar al de las alfombras, me detuvo un hombre de edad mediana y cuerpo deportivo que dijo: Mujer, permíteme que te arregle, déjame que te cambie ese look que te hace ver vieja y fea. Mira, tienes un cuerpo desnutrido como los que gustan hoy porque a las demasiado flacas es a las que mejor les luce la ropa, aunque sus maridos se quejen de que no tienen nada que agarrar. Y tienes una nariz perfecta como botón y un pelo con tan buena caída como si lo hubieran podado al menos una vez en la vida. ¿Por qué te dejas así de desaprovechada? ¿o eres de las que piensan que es más vanidosa la que se arregla que la que cree que así como está luce bien? Y dijo: Anda, ven para que te ponga preciosa.

Y yo fui.

Me llevó a su salón de belleza, un lugar con grandes espejos y chicas uniformadas de color rosa. Eran las diez de la mañana cuando entré. Cinco horas más tarde, salí transformada en lo que Tony, que así se llamaba el sujeto, calificó de objeto sexual.

Cuando me vi en el espejo no me reconocí. Tuve que ir corriendo a la óptica de al lado por unos lentes. Ellos me convencieron de comprarlos de contacto y de una vez, de color azul. Me acordé de mis gafas de aros dorados, iguales a las de mi abuela, que estaban muy tranquilas esperándome en la casa.

Pero ni aun con lentes me reconocí. La que estaba en el espejo con aquel cabello rubio y ojos claros era una mujer de bastante buen ver y los que la acompañaban aseguraban que era yo, la mismísima Susana M. de Lara, convertida sucesiva y temporalmente, por obra y gracia de sus maridos, en de De la Vega y Vega, de Reyes Luján y de Mújica.

Entonces el Tony me llevó a la boutique y me ayudó a escoger unos vestidos escotados, cortos y ajustados en colores rojos, verdes y amarillos, profusamente adornados con lentejuelas, dibujos y estoperoles. Luego fuimos a la zapatería por sandalias de altos tacones y tiras delgadas que dejaban ver mis hermosos dedos de los pies.

Durante los siguientes días me di cuenta de que la gente me miraba. Usted de azul y yo a su lado me dijo uno y yo le respondí yo de rojo y usted arrojado y me reí sola por mi ingenio tan agudo.

Lo malo fue que para cuidar mi arreglo, tuve que hacer demasiados sacrificios: dormir con la cabeza sobre un pedazo de madera, como me había dicho el viudo que hacían las mujeres en Japón para no despeinar el cabello, pero entonces me empezó a doler el cuello. Y quedarme parada sobre los tacones como me había dicho el viudo que hacían las modelos en Francia para no arrugar el vestido, pero entonces me empezaron a doler los pies.

Por esa época fue cuando abandoné la idea del amante, porque encima de tener que sufrir tantas incomodidades con
tal de estar bonita, cuando me le presenté al vendedor de alfombras con mi nuevo atuendo, se soltó a criticarme: Que ese
peinado no te va, que ese vestido está demasiado corto, que esa
pintura de labios muy exagerada. Y pensándolo bien, a estas
horas de mi vida ya no tengo para qué soportar los comentarios y exigencias y manías y gustos de nadie. Francamente, qué
flojera.

❖

Varias veces volví al salón de belleza para que me arreglaran. Me
gustaba ir allí no sólo por lo que me hacían, sino sobre todo porque mientras me pintaban, cortaban, limaban, depilaban, lavaban y secaban, yo les contaba a las chicas que atendían, todo lo
que se me ocurría y me pasaba por la cabeza sin que ninguna se
atreviera a interrumpirme o a decirme que no le interesaba o que
ya me callara. Nadie de todos los seres vivos que conocía, se
aguantaba mis discursos con ese silencio y atención reverentes.
Les preguntaba qué opinaban de las operaciones para recuperar
la virginidad o de la liposucción para afinar las rodillas (como
anunciaban en las revistas). Quería saber qué piedra les parecía
más hermosa si el rubí o la esmeralda o si creían que era mejor
viajar a Nueva York que a Berlín (como alguna vez me preguntó el viudo). Les platicaba lo caras que estaban las tinas para
hidromasaje o lo difícil que era en estos tiempos cambiar de
auto cada año (como oía que decían mis vecinas). Y no era yo
la única, todas las señoras lo hacían y a todas las escuchaban por
igual, aunque muy probablemente no tenían idea de lo que
hablábamos.

❖

En ese mismo centro comercial, había una pastelería francesa que vendía el mejor pan dulce del universo, de eso estoy segura. Estaba una tarde escogiendo mis piezas para la merienda, esta con pasitas, aquella con mermelada, una con nueces, otra con chocolate, cuando se me acercó un joven bien trajeado que amablemente me preguntó: ¿Podría decirme por qué le gusta comprar aquí? ¿podría hacerme sugerencias para mejorar nuestro servicio?

Como yo no tenía prisa, me lancé a una larga diatriba de lo que me parecía bien y lo que no, de cómo creía que debían atender a los clientes y evitar las colas, de la manera en que sería más adecuado acomodar los productos y envolverlos. Él me escuchó con atención y cuando terminé de hablar dijo: Mi padre es el hombre más rico de México. Es dueño de hoteles, edificios, bancos, restoranes, la empresa de teléfonos y la de televisión. De repente a mi hermana le entró el capricho de que le compraran este negocio y como él la consiente, pues le dio por su lado. Por supuesto, a las dos semanas la señorita estaba harta de ocuparse y me lo pasaron a mí. El problema es que son sólo ciento diez sucursales en la ciudad, una nadería, pero me quita mucho tiempo y además no me parece que hacer pan sea un trabajo digno para una persona como yo. ¿Le gustaría a usted encargarse de nuestra cadena de panaderías El Papalote? Podría asignarse el sueldo que quiera y manejar las cosas como mejor le parezca.

No gracias respondí, a mí no me interesa trabajar. Hace muchos años me gustaba, pero ahora afortunadamente ya soy como todos los demás y si puedo librarme de hacerlo, pues prefiero.

Vi al pobre hombre ir de cliente en cliente haciéndoles la misma pregunta y repitiéndoles la misma oferta, pero no vi que nadie la aceptara.

❖

Estábamos merendando el pan dulce, cuando tocaron a la puerta. Era un señor que dijo ser hermano de Paco Segundo. Nadie jamás lo había oído mencionar y no teníamos idea de su existencia, pero apenas le contamos que no estaban más en este mundo ni él ni doña Rosalba, sacó una guitarra de su estuche de piel y se puso a tocar una tristísima melodía. Era tal su concentración y su esfuerzo para sacarle las notas al instrumento, que empezó a emitir gemidos y a dejar caer gruesos chorros de baba. Lupita puso cara de asco pero el viudo estaba fascinado: Así sufren los grandes intérpretes dijo.

Cuando terminó el concierto, nos empezó a reclamar porque no le habíamos avisado de las desgracias y nos amenazó con quitarnos la herencia de cuya existencia tampoco teníamos noticia.

Para calmarlo, el viudo le devolvió los dieciocho mil dólares en cheques de viajero, debidamente firmados, que guardaba en una bolsa de papel estraza en el horno de la cocina, junto a donde yo escondía el detergente y el papel aluminio que Rosalbita me había prohibido comprar por aquello de cuidar el ambiente, pero que yo de todos modos usaba cuando ella no se daba cuenta, total, el mundo no se iba a contaminar peor de lo que estaba por una persona más que lo hiciera. Pero en lugar de calmarse, el hombre exigió que le entregáramos también lo otro. Y no nos creyó cuando le dijimos que era todo lo que había. Muy alterado se metió a las recámaras y abrió los cajones, revisó los sacos, pantalones, abrigos y hasta calcetines del finado, en los que nada encontró.

Y a partir de entonces, todos los días el susodicho llegaba muy temprano en las mañanas, siempre trajeado y peinado, llevando un portafolio con papeles, como quien va a resolver asuntos importantes que no pueden esperar. Nos regañaba y advertía y amenazaba, esculcaba algún rincón de la casa y se iba varias horas después. Yo estaba muy asustada y cada ruido me parecía que era la policía que venía por nosotros para llevarnos a la cárcel. De sólo imaginarme allí refundida, como una vez que había estado presa, me empezaban los vómitos y las pesadillas.

Hasta que Rosalbita descubrió que el hombrecillo aquel no era ningún influyente, ni iba a ninguna oficina ni a hacer ningún trámite, sino que al salir de la casa, se metía a un hotel que había allí cerca, de esos baratos, en donde se quedaba encerrado mientras era hora de venir a amedrentarnos otra vez.

Valiente como era, la niña lo confrontó. Él no dijo nada y tampoco volvió, pero bajo la puerta empezaron a aparecer anónimos y el teléfono comenzó a sonar a las horas más inesperadas con llamadas en las que siempre colgaban.

Así estuvimos hasta que Antonio José, que ni enterado estaba del asunto, lo resolvió. Una madrugada en que golpeaba el techo con su martillo, oyó sonar el aparato y levantó la bocina. Pero como no escuchara ninguna voz, se soltó a decirle al que estaba del otro lado del hilo, lo difícil que de por sí era vivir en este mundo y le preguntó por qué quería hacerlo todavía peor. A los cuantos minutos el mudo lloraba y gemía y nunca más hubo llamadas misteriosas ni anónimos amenazantes.

❖

Pero de todos modos, el viudo decidió que quería saber de la dichosa herencia, así que fuimos a un notario.

Era ese un personaje muy elegante y formal, que sentado tras de un escritorio enorme y brillante, nos informó con voz engolada y cara seria que el difunto, de nombre Sebastián Cajigal, había dejado un testamento según el cual su dinero quedaría en un fideicomiso cuyos rendimientos, de mil dólares mensuales, debían destinarse a alimentar a las palomas que anidaban en nuestro edificio.

En los muchos años que conocía al viudo jamás lo vi reír tanto. Que tipo tan maravilloso decía, y soltaba otra carcajada.

❖

Otro día en que también merendábamos el pan dulce que había yo comprado en el centro comercial, tocó la puerta una mujer muy hermosa y bien vestida que dijo ser la madre de Rosalbita. Y dijo: Vengo por ella porque me enteré de que Paco murió.

Pero la niña no se quiso ir. Por más que le ofreció dos perros labradores, un teléfono celular, clases de ballet y la mejor computadora, no aceptó.

Tres veces regresó la madre para convencer a su hija. Dependiendo de la hora en que venía, cada vez le habló en un idioma diferente: si era de mañana en francés, si era de tarde en inglés, si era de noche en japonés. Es su manera de obligarme a practicar los idiomas dijo Rosalbita y eso es entre semana, porque los sábados todo es en hebreo y los domingos en alemán.

Así habrían seguido las cosas quién sabe cuánto tiempo más, hasta que la niña se hartó y armó tal berrinche que los vecinos vinieron a ver de qué se trataba y amenazaron con sacar por la fuerza a la mujer. Así que terminó por desistir.

❖

A su hija no se la llevó, pero a mí sí. Porque desde que la vi, me fascinó. Era exactamente como yo hubiera querido ser: dueña de su vida. Y por eso, simple y sencillamente la seguí.

Gilda Rosalie González era el ser humano más bello que se podía ver, imaginar, soñar y concebir. Altísima (sobresalía por encima de todo mundo), delgadísima (medía la mitad que cualquier otra persona), tenía el cabello oscuro (que brillaba como si tuviera una luz prendida) y los ojos claros (que de tan enormes hipnotizaban). Vestía siempre elegantes trajes negros, aunque con gruesos zapatos deportivos blancos.

Su casa y su oficina eran tan hermosas, estilizadas y modernas como la dueña. Aquélla en un décimo piso desde el que se veía el bosque de Chapultepec, ésta en un séptimo piso desde el que se veía el Anillo Periférico. En ambas, las mesas eran de cristal y las sillas de aluminio, en ninguna había cortinas ni adornos colgados en la pared, la única diferencia es que en una de las dos lucía un florero con alcatraces. En aquélla todo era blanco, en ésta todo era negro, como blanca y negra fue mi existencia desde el momento en que me dediqué a ir tras ella, sin hacer nada más que acompañarla, nada más que mirarla, nada más que escucharla y esperar a que tuviera un minuto libre para regalarme una mirada, una palabra.

Pero no lo tenía.

Porque a las seis de la mañana estábamos corriendo alrededor de la cuadra, a las siete leyendo los correos electrónicos, a las ocho arreglándonos, a las nueve y media sentadas frente al escritorio, haciendo llamadas, revisando papeles, recibiendo gente, que funcionarios, que empresarios, que embajadores. El día de trabajo parecía no terminar nunca, pero tampoco la energía de mi amiga, que todavía por las noches iba a ver a especialistas en curaciones alternativas, no importaba si sus consultorios quedaban en el otro extremo de la ciudad: desde masajes hasta acupuntura, desde lectura de piedras hasta filosofía del cuarto menguante, desde sesiones de grito primigenio hasta aplicación de imanes. Y ya de madrugada, antes de dormir, se provocaba una serie de orgasmos con alguno de los magníficos consoladores que compraba en el extranjero y de los que tenía la más impresionante colección. Si quieres tener el control de tu vida, no debes necesitar de nadie jamás y para nada decía.

Gilda Rosalie tenía un carácter difícil, cortante para sus subordinados, firme para los iguales. Estaba acostumbrada a mandar y exigía obediencia inmediata, lo que conseguía de toda la gente menos de su hija. Acostumbraba decir frases rimbombantes que a todos dejaban boquiabiertos: Resulta indispensable proceder implementacionando los métodos necesarios y adecuados para la consecución inmediata y definitiva del objetivo, que consiste en un odio absoluto, empacado al alto vacío. Así hablaba.

Lo que más me impresionaba en ella, era ver la diferencia radical que había entre su perfil y su rostro visto de frente. Si éste era enérgico pero al mismo tiempo seductor, aquel era malvado y hasta cruel, sobre todo desde la perspectiva del lado derecho. Quizá por eso desde este ángulo parecía mucho más vieja.

Nunca supe cuál era exactamente su trabajo, pero era algo que tenía que ver con ferias internacionales y por eso pasaba la mitad de su vida en un avión. Juntas fuimos a Los Ángeles, Berlín, Moscú, Lisboa, Tokio, Sydney y Tel Aviv. A mí me llevaba, porque estaba convencida de que yo quería ser su secretaria particular.

❖

Un día que volvíamos de Barcelona y estábamos por irnos a Singapur, se me ocurrió pasar a saludar a mis gentes a las que hacía muchos meses que no veía.

Cuando entré al departamento, fue como si el tiempo no hubiera pasado. Allí estaban mi marido, el viudo, mi hija y Rosalbita muy sentados viendo la televisión. La casa estaba hecha un desorden, por todas partes había restos de comida rápida de esa que se pide a domicilio, el bote de basura rebosado como los que hay en los parques públicos, las camas sucias y sin tender. Decidí entonces quedarme, pues entendí que este era mi lugar en el mundo.

Lo primero de que me percaté nada más volver, es que nuestra economía estaba en dificultades. Con el cambio de presidente había habido una devaluación tan fuerte, que nuestros ahorros se habían convertido en la mitad. Y unos meses después, a pesar de las promesas del nuevo Primer Mandatario, volvió a suceder lo mismo y otra vez lo que teníamos se convirtió en la mitad.

Y eso pasaba justo cuando estaba a punto, por fin, de terminar de pagar un auto que tenía desde hacía muchos años, que ya ni servía, pero del que no podía dejar de cubrir mi compromiso con el banco. Y pasaba justo cuando a mis hombres se les había metido con fuerza el carísimo vicio del alcohol.

Cada mañana, el viudo llamaba a la vinatería para encargar un par de botellas (wiskis y coñacs importados, tequilas y mezcales nacionales, bebidas raras como el ajenjo o el licor de frutas) que luego pasaba la tarde degustando como decía, en la feliz compañía de Antonio José.

Para salvar lo que quedaba de nuestros fondos, saqué del banco los ahorros, los cambié por dólares como hacía todo mundo (las colas en las casas de cambio eran larguísimas) y los escondí en el dobladillo de mi falda, asegurándome de llevarlos conmigo a todas partes (no fuera que los buscaran). Le agradecí a mi abuela que me hubiera enseñado a usar el hilo y la aguja, porque fue un trabajo lento y difícil, para darle a cada billete su lugar y poderlo sacar independiente de los demás.

Aún así, el dinero se acababa a una velocidad vertiginosa. Despedí entonces al peluquero y la manicurista del viudo, dejé de ir al salón de belleza y a tomar mis clases en la casa de la cultura, no mandé más la ropa a la tintorería ni las sábanas a la lavandería, ni solicité los servicios de una señora que una vez por mes hacía la limpieza del departamento. Pagué sólo la mitad de la colegiatura de Rosalbita y de plano dejé sin cubrir el mantenimiento del condominio. Y para comer, preparé tacos de encurtidos y tortas de plátano (que sólo los domingos, cumpleaños y días festivos iban fritos y espolvoreados con azúcar como en mi casa de infancia), asegurándole a los míos que ser vegetariano era lo mejor y que eso me lo había enseñado alguna vez un gobernador de mi estado natal que lo creía tan a pie juntillas, que era capaz de liarse a balazos por ello. Y tomé el toro por los cuernos: diariamente yo misma iba a comprar las botellas de alcohol de mis hombres, pues dado que no podía impedirles el vicio, al menos así me aseguraba de que fuera el más barato.

❖

Por un anuncio en la televisión, en el que decían que era muy fácil de conseguir, se me ocurrió pedir un préstamo en el banco. Pero no me lo quisieron dar. Los créditos son sólo para quienes pueden garantizar el pago dijo el que atendía. Pero si ellos no los necesitan respondí. Lo siento, pero hay que tener dinero para conseguir dinero dijo.

Entonces, pues no me quedó más remedio que buscar un empleo.

Lo primero que hice, fue llamar al dueño de una pastelería que había en el centro comercial y que alguna vez me había ofrecido trabajo. Durante más de una semana insistí en el teléfono sin lograr que me tomara la llamada: No ha llegado, ya se fue, está en una junta, está en la otra línea, nosotros nos reportamos decía la secretaria. Cuando por fin pude hablar con él y le comuniqué lo que quería, me respondió cortante y hablándome de tú: Cuando te pedí que tomaras el trabajo estaba dispuesto a aceptar tus condiciones, pero si es al contrario, si eres tú la que me lo pide a mí, las cosas cambian y soy yo quien las pone. Sin saber qué exactamente quería decir con eso, de todos modos fui a su oficina. Me citó a las nueve de la mañana en punto, pues según dijo, tenía una agenda muy apretada. Pero por más que me apuré, llegué veinte minutos tarde, sin aliento y con la disculpa en la boca: El camión no pasaba, había una marcha que nos impidió pasar, la policía cerró una calle. No se preocupe dijo la mujer que estaba sentada en el escritorio, a todo mundo se le hace tarde y todo mundo tiene una buena razón. Menos mal que el licenciado aún no está por aquí.

Me senté a esperar. A las diez pregunté y la del escritorio me dijo: No debe tardar. A las once pregunté y la del escritorio me dijo: Habló para avisar que venía en camino. A las doce pregunté una vez más y la del escritorio me dijo: Es que lo llamaron con urgencia de la central pero en cuanto termine vendrá. A la una decidí irme y la del escritorio me dijo: Usted exagera, las cosas en México son así, aquí el que paga manda.

Fui a la biblioteca, pero no me contrataron porque no sabía usar la computadora. Lo mismo me dijeron en la agencia de viajes. En el almacén de ropa me hicieron saber que estaba demasiado vieja y en el consultorio del doctor que se requería experiencia. Intenté vender bienes raíces, ser maestra de kinder, cajera en la salchichonería, mesera en un restorán, telefonista, recepcionista, pero en todas partes me ponían peros, que ya se ocupó el empleo, que hace falta pertenecer al sindicato, que está demasiado calificada, que está poco calificada, que se ve muy flaca, que no está suficientemente flaca. Al final terminé en una tintorería, recibiendo y entregando la ropa a través del hueco de una reja que se levantaba de piso a techo, después de quince días de entrenamiento no pagado y comprando yo mi propio uniforme. Permanecía de pie desde las nueve de la mañana hasta las siete de la noche, de lunes a sábado, por el salario mínimo. Y aun así, un día antes de que cumpliera los tres meses, me despidieron con el argumento de que no fuera a hacer derechos y a pedir prestaciones.

❖

Una conversación que escuché en el camión me dio la idea. Con la cubeta, la escoba y la jerga de mi casa, me fui a uno de esos centros habitacionales que crecen en las orillas de la ciudad y que parecen palomares por el montón de edificios con el montón de departamentos y ofrecí mis servicios para limpiar las escaleras cobrándole cinco pesos a cada familia. Muchos inquilinos aceptaron y aunque no faltaron los que hacían trampas para no pagar, que no tengo cambio, que mi esposo no está, que vuelva más tarde, al final salía yo con suficientes monedas para cubrir al menos nuestros gastos básicos.

Lo malo fue que el trabajo era agotador. Lo bueno, que como nadie me mandaba, tampoco nadie me decía si estaba bien o mal, si era suficiente o faltaba hacer más.

Allí conocí a una señora que lavaba ropa en la azotea. Tenía las manos coloradas por tanto tallar y las piernas moradas por las várices. Cuando mi hijo sea licenciado, me va a sacar de trabajar decía. Los licenciados ganan mucho dinero. Y decía: Pero falta para eso y peor con las huelgas en la Universidad. ¡Esta lleva más de un año y el muchacho allí haciéndose el tonto!

Ella me enseñó cómo hacer para que rinda el jabón y duren las jergas y para que no me duela la cintura al final del día. Pero lo más importante que le aprendí, fue a conocer a los ratones, dónde se esconden, a qué horas les gusta salir, cuáles son las formas para atraparlos, qué los hace huir. La buena mujer era una experta en el tema, por el olor sabía reconocer hacía cuanto tiempo que habían pasado por allí, si era uno solo o varios, si eran jóvenes o viejos. Y me advirtió: No hay que hablar de ellos en voz alta porque entienden lo que uno dice y entonces jamás podrás ganarles la guerra.

❖

Me quedé haciendo eso de limpiar escaleras bastante tiempo, hasta el día en que los padres de un muchacho, que peleaban con él a todas horas, lo corrieron de su casa. Muy alterado, tocó la puerta pidiendo disculpas y haciendo promesas de portarse bien, pero como no le abrieron, montó en cólera y empezó a atacar a cualquiera que pasara por allí. Por igual se lanzaba contra amas de casa que contra ancianos, contra niños que contra sirvientas. Y por más que los vecinos solicitaron ayuda a la policía, a la Delegación Política y a la Procuraduría Social, nadie jamás se presentó.

❖

Estaba desesperada pensando cómo hacerle, cuando un anuncio en el periódico me hizo recobrar la esperanza. Decía: A los exalumnos del kinder Tres Cumbres, les invitamos con todo cariño a la celebración de nuestro 50 aniversario en el que estarán presentes nuestras queridas fundadoras Miss Marisol y Miss Lori.

Corrí a enseñárselo al viudo, rogándole que se presentara en la ceremonia porque muchas veces me había contado que sus compañeritos de esa época eran hijos de empresarios ricos y pensé que podría pedirles ayuda para nosotros, en nombre de la vieja amistad.

Pero no quiso. Imagínese dijo, después de todo este tiempo no voy a reconocer a nadie ni ellos me van a reconocer a mí. ¿Cómo saber a quién pedirle ayuda? ¿cómo no confundirme entre el que está acusado por el fraude a la aerolínea y el que es dueño de la fábrica de productos de piel? ¿o el que lava dinero y el que hace donativos al hospital? Y luego se empezó a reír como le había dado últimamente por hacer y dijo: ¡De bebés brindábamos con leche azucarada y ahora vamos a brindar con medicinas disueltas en agua!

❖

Pensé entonces en aprender algo útil. Le pedí a Rosalbita que me enseñara idiomas y descubrí la gran facilidad que tenía para ellos, en unas cuantas clases ya podía conversar en francés. Pero el viudo se molestó mucho, porque él llevaba años tratando de aprender esa lengua y no podía. Furioso me aseguró que mi rapidez se debía a que seguramente yo tenía un tumor en el cerebro, no hay otra explicación dijo y si le sigues exigiendo tanto esfuerzo va a reventar. Así que abandoné ese estudio y pasé al de la computación.

Ésta en cambio me resultó imposible. Por más que la niña me explicaba con su dulce vocecita, yo no entendía nada. Después de horas y horas de clase no me acordaba ni de cuál era el botón de encendido de la máquina.

La salvación vino, como siempre, de mi querida abuela. Se me ocurrió deshacer mis viejos chales y con ese estambre ponerme a tejer unas calcetas especiales para brazos, que servían para mantener caliente desde el codo hasta la muñeca, sin tener que usar el suéter completo. Hice realidad el sueño de las secretarias, de los tenistas, de las vendedoras y de las mecanógrafas.

Una vez al mes, entregaba quince pares de mangas en la sedería que estaba junto al edificio de la Delegación Política y cobraba las del mes anterior. Si hubiera tenido más manos me habría hecho millonaria, tanto gustaba mi producto.

❖

La novedad es que mis hombres juegan juegos. En el cumpleaños de Antonio José los muchachos le regalaron un ajedrez y Rosalbita les enseñó a mover las figuras. Fue tal la pasión en la que entraron, que se olvidaron de todo lo demás, hasta de tomar su alcohol.

La novedad es que al viudo le ha dado por contarme su vida como si yo no hubiera estado en ella y como si no la hubiéramos hecho juntos. Me dice que vivió en Tepoztlán y que allá tenía una amiga pelirroja con la que le gustaba sentarse a comer helados en las bancas del atrio de la iglesia. Y luego, bajando la voz, agrega: La pobre tenía el pecho atravesado de unas cicatrices tan horribles, que me daba asco nada más de verlas.

La novedad es que a José Antonio le ha dado por cachetear a la gente. De repente se levanta de la mesa mientras estamos cenando, se dirige a alguno de nosotros y le asesta un bofetón. Y nadie le reclama para que la cosa no se ponga peor.

La novedad es que estoy mal de salud. Más bien al contrario, la novedad sería que estuviera algún día con buena salud. Cuando no me duele el estómago es la cabeza, cuando no me duele el cabello es la uña del pie. Mis ojos no ven bien, mis oídos no oyen bien. Me falta el aire al subir las escaleras, tengo sed todo el tiempo y siempre hay algo que me molesta: un fuego en la boca, un cólico en el estómago, un piquete en la espalda, una torcedura en el tobillo. Estoy segura de que tengo algo grave, esta vez no me cabe la menor duda de que es cáncer de verdad, pero el doctor no se ha dado cuenta (ya se sabe que a las enfermedades graves siempre las descubren demasiado tarde) o no me lo quiere decir (ya se sabe que a los médicos no les gusta reconocer que se equivocaron al restarle importancia a algún mal).

Unas veces me quedo en la cama, tirada como un trapo viejo y otras voy de hospital en hospital, de consultorio en consultorio, de clínica en clínica buscando una solución.

Una vecina que es muy católica, se empeña en contarme que conoce a alguien que se murió de eso mismo que padezco yo. Pero no se preocupe dice otra, una alemana que vende pan y que por las noches estudia tanatología, porque es posible hacer de la muerte un momento sumamente placentero y feliz. Otra que también es alemana y también vende pan, me asegura que es inútil tratar de remediar los males, porque según el budismo el destino ya está establecido y no se puede cambiar. Pero su prima que desde hace dos semanas vive con ella, afirma que eso es falso, pues sí es posible modificar el karma aunque sólo hasta la próxima reencarnación y siempre y cuando cumplas con la función para la cual viniste a este mundo dice. ¿Y cómo se sabe eso? pregunto curiosa, pero cuando me contesta, la explicación es tan complicada que no la logro entender. Una amiga de Lupita que es judía, dice que debía yo darle gracias a Dios porque mi mal es nada más lo que es, pues siempre podría ser mucho peor, lo cual a la vecina católica le parece que sería mejor, pues en su opinión el sufrimiento es la única forma segura de irse al cielo. La marchanta del mercado conoce a un yerbero que según ella todo lo cura, pero según su mamá, una anciana arrugada que vigila el puesto de frutas con mucha atención, bastaría con un temazcal bien caliente para sacarme los demonios del cuerpo. Pero yo siempre he sido científica les digo, a mí me gustan las medicinas de verdad. Eso me da lástima dice la señora y es peor para ti. En un programa de televisión, un sociólogo francés aseguró que el Estado tiene la culpa de que las personas estén siempre enfermas y en otro una sicóloga americana explicó que la enfermedad se producía porque los seres humanos no se atrevían a confrontar las experiencias dolorosas de su infancia. Según la mujer que da consejos en el radio, los males son avisos de que se impone un cambio de vida, y si bien ella cree que éste debe ser en el sentido espiritual, el doctor al que invita una vez por semana, está convencido que debe hacerse en los hábitos alimenticios y el manejo del estrés.

Yo todo lo escucho pero no sé a quién le debo creer. Lo único que es cierto es que, como dice el viudo, tengo demasiadas canas y como dice Rosalbita, cada vez que me agacho acompaño el movimiento de mi cuerpo con un ay, auch, uf, auj.

❖

El domingo me empezó un dolor de muela que ya para la madrugada me taladraba la cara y el cuello. En el directorio telefónico encontré el número de un dentista y el lunes a primera hora lo fui a ver. Era alto, rubio, limpísimo, como si lo hubieran tallado a conciencia con un buen zacate. Hay que tomarle su impresión de los caninos le dijo a la enfermera, a lo que yo sin demora respondí: Mi impresión de los caninos es que son los seres vivos más fieles y cariñosos que existen, yo lo sé porque tuve muchos cuando viví en Tepoztlán. No dudo que sea cierto respondió, pero esos caninos no me interesan, ensucian y hacen ruido, a lo que yo me refiero es a hacer un modelo de sus dientes para poderle rellenar el hueco después de la extracción.

Así me enteré de lo que me iban a hacer. Y como sentí miedo quise bromear: Oiga doctor dije ¿cuánto cuesta sacar la muela? Con dolor mil pesos y sin dolor quinientos respondió él también con humor. Pues que sea sin dolor dije. Pero apenas me tocó empecé a gritar y entonces dijo: Si se queja le voy a tener que cobrar más caro.

Varios días estuve tragando sangre y con la cara hinchada mientras pensaba de dónde sacar el dinero para pagarle a ese señor. ¡Si pudiera disfrazarme de paloma para que el fideicomiso de Paco Segundo se ocupara de mí!

❖

Mire, dijo el viudo enseñándome un anuncio en el periódico: el Instituto de Ciencias Penales anuncia un Curso de Victimología. Debería usted apuntarse para aprender a sufrir bien, para ser una víctima en serio, como manda Dios.

Tenía razón. Me faltaba mucho por aprender en el terreno de lo que la sicóloga de la televisión pomposamente llamaba La Autoflagelación. De eso me di cuenta cuando para entretenerme mientras estaba enferma, empecé a leer el periódico y por culpa de las cosas terribles que sucedían en el mundo, me puse a desgarrarme las vestiduras. Cada día mis trances de dolor eran más largos y más profundos y me los provocaba cualquier cosa, la política, los sociales y espectáculos, la capital y los estados, la nota roja y las finanzas, hasta los anuncios de productos y los ofrecimientos de empleo.

A qué punto llegaría la cosa, que mi amigo se empezó a preocupar y a tomar medidas: recortaba aquello que le parecía peligroso que yo leyera y por más que le suplicaba que me lo diera, no quería. Decía: Una cosa es que yo mismo le haya propuesto que aprenda a ser una víctima en todo el sentido de la palabra y otra es que le vaya a hacer daño y entonces, si algo grave le pasa, sea yo el que tenga que sufrir.

Según Rosalbita, las palabras del viudo eran una declaración de amor. Sí dije yo, pero de amor a sí mismo.

❖

Pero digan lo que digan, cada día la paso más mal. Estoy segura de que en el lugar del periódico donde está el recorte que hizo el viudo y donde ahora sólo queda un hueco, estaba alguna noticia terrible y por eso no me la quisieron mostrar. Algo me dice que era la esquela de mi hermano Raúl. Pero luego me percato de que el agujero en el papel es demasiado grande para un anuncio de ese tipo, aunque me digo que debe ser porque alguno de sus compañeros de la Secretaría escribió un artículo de elogio y esos ocupan bastante espacio.

Pobre Raúl, nunca me echó ni un lazo pero así y todo lo admiré y creo que hasta lo quise. Y eso a pesar de que cuando vine a la capital y aunque él vivía aquí desde hacía mucho tiempo, me advirtió que no lo buscara, que no tenía tiempo ni ganas de ocuparse de niñas provincianas y menos si estaban recién casadas.

❖

El viudo pasa los días viendo la televisión. Ya no lee ni escucha música, ya no se viste con sus trajes de tres piezas ni le interesa jugar ajedrez. Yo no sé si es porque los medicamentos esos que toma contra el miedo, que sólo Dios sabe de dónde sacó, le han lastimado el cerebro, pero le ha dado por repetir las cosas hasta la saciedad. Pregunta: ¿Ya viste la película El baile? Y él solo responde: Tienes que verla, es magnífica, la van a pasar hoy, a las ocho. Media hora después insiste: ¿Ya viste la película El baile?, tienes que verla, es magnífica, la van a pasar hoy a las ocho. Una y diez y cien veces lo mismo.

Y cuando por fin dan las ocho, el pobre ya no se acuerda de que algo quería ver. Y es que cada vez se le olvidan más las cosas: sale de casa y no sabe a dónde se dirigía, regresa y no encuentra el departamento. Lo mismo que a Antonio José, se le han endurecido y congelado las facciones, como si llevara una máscara. Y lo mismo que él, quiere ir al baño a cada rato y lo único de lo que le gusta hablar es de excrementos.

❖

Mi marido ya no se quiere vestir, dice que la ropa le raspa, le pica, le incomoda, que prefiere andar desnudo porque taparse es un invento de los bellos para esconder a los feos. Y tampoco se quiere bañar, dice que eso es un invento de los limpios para avergonzar a todos los demás, los que no tienen agua en sus casas.

Yo lo dejo hacer y decir, total qué más me da. Pero Lupita anda molesta conmigo, porque según ella no cuido bien a su papá. Dice que lo debería llevar con otros doctores y darle otros medicamentos pero yo le contesto que ya no, que ya cumplí y no quiero dar más.

Lo más desagradable es que el dinero se ha vuelto su obsesión. Me pide que le dé y se enoja cuando no le doy. Me acusa de guardar para mí sola las riquezas que dejó su madre.

La marchanta del mercado me dio el consejo de comprar billetes de papel y dárselos como si fueran de verdad. Dice: Yo hago eso con mi suegra cuando saca la plancha o la licuadora de mi casa y me las viene a vender diciéndome que necesita dinero porque su nuera, que soy yo, no le da de comer, hágame usted el favor. Ella misma me regaló los primeros que resultaron ser el santo remedio, pues el hombre se puso feliz. Ahora me los da para sus encargos en la vinatería y hasta le hace regalos a su hija: Ten estos cinco mil pesos dice, para que te compres unos zapatos. ¡El pobre no se ha dado cuenta de que con esa cantidad ya no alcanza ni para chicles!

Lo más increíble es que también el viudo me los ha empezado a pedir. Quiere comprarse un auto, pero automático aunque sea más caro, porque ya no estoy en edad de aprender a usar las velocidades dice.

❖

Sentada en el sillón de doña Rosalba, como me había dado por hacer para tejer con más luz, se me cayó una aguja. Para buscarla tuve que levantar los cojines con su impregnado olor a tabaco y cuál no sería mi sorpresa, cuando vi un montón de centenarios de oro, perfectamente acomodados debajo de la tela.

No se lo dije a nadie, pero le prendí una veladora a la buena señora y me fui a la sedería a dejar el último pedido y a avisarles que nunca más.

❖

Fue maravilloso volver al centro comercial por el pan dulce y encontrar a tantos conocidos que allí seguían en sus sitios. A todos saludé, con todos conversé, y muy contenta me fui caminando de vuelta a casa con mi bolsa de papel estraza bien sostenida entre las manos.

De repente vi que de los postes de luz colgaban unos enormes letreros que decían Gracias Porno. Hacía muchos años, cuando recién casada me trajeron a la capital, mi hermano mayor me había advertido que aquí les gustaban las mujeres desnudas y siempre me llamó la atención ver las revistas que venden en los puestos de periódicos, donde las retratan mostrando unas tetas y unas nalgas descomunales. Pero así y todo, me pareció exagerado que les dieran las gracias.

Varias cuadras más adelante puede ver de cerca uno de esos anuncios que se había desprendido, y leer las letras pequeñas. Decía: tirar basura. Matengamos limpia la ciudad.

Supe entonces que, como alguna vez me dijo Paco Segundo, yo jamás llegaría a perder la inocencia.

❖

En el callejón de atrás de la Iglesia encontré tirado uno de esos discos que se ponen en las computadoras y no se por qué, lo recogí.

Llegando a casa le pedí a Lupita que me ayudara a ver qué era pero no quiso y hasta se burló de mí: Ya no estás en edad de cosas nuevas mamá, entiéndelo. Tuve que esperar a que regresara Rosalbita, que estaba haciendo la tarea en casa de una amiga.

Cuando por fin lo vimos, lo que apareció en la pantalla nos dejó mudas. Era un texto que llevaba por título: Instrucciones para suicidarse en primavera. En él se ofrecían dos formas indoloras para abandonar voluntariamente esta vida. La primera, el sistema norteamericano: se prepara un coctel con ciertos productos que se adquieren en las farmacias y se lo bebe. La segunda, el sistema australiano: se compra el programa para la computadora, se conecta la persona y se aprieta la tecla del sí.

❖

Nuestra niña ha decidido irse. La prima de una vecina se va a vivir a Suecia, quiere probar suerte allá. Dice que en la televisión vio la historia de una muchacha que se casó con el príncipe de ese país y cree que a ella también le puede suceder el milagro. Su emoción contagió a Rosalbita que le ha pedido que la deje acompañarla.

Desde que sabemos que ya no estará aquí, las dos lloramos todo el tiempo. Le pongo la mano sobre su estomaguito caliente, sobre sus piececitos fríos, sobre su cabello tan lacio y tan suave. Ella me abraza y me besa y me ha cubierto de regalos: una mascada de seda que tenía de su mamá, el dibujo de un sol brillante, el anillo que heredó de doña Rosalba, sus broches de pelo favoritos.

Dos días antes de su partida me ha hecho jurar que le voy a escribir, a contar mi vida, lo que pasó antes de que nos conociéramos y lo que suceda después de que se vaya.

❖

Apenas ha pasado un día de que te fuiste y ya te estoy escribiendo, pero es que te extraño mucho. Ayer no me dieron ganas de hacer nada, me entró una flojera enorme, así que me la pasé durmiendo pero curiosamente no tuve sueños, ni siquiera mis típicas pesadillas.

La casa está demasiado silenciosa. Lo único que se oye es el radio prendido en algún departamento y los llantos y gemidos de la señora López a la que le secuestraron un hijo y se lo devolvieron con un dedo menos.

No vas a creer lo que pasó. Doña Olga Rosas, la mismísima, se puso furiosa cuando se enteró de que te habías ido. Vino a verme y dijo: Yo la quería para que se casara con mi hijo y me ayudara a cuidar a los nietos. Pero mujer le respondí, es una niña y él tiene casi cuarenta años, además de que esos dos muchachitos son muy malcriados. Lo de la edad no importa me contestó, siempre se han casado chicas jóvenes con hombres mayores y lo de los niños malcriados, pues de todos modos iba a tener hijos ¿no? y a malcriarlos ¿no? así son los niños en estos tiempos, hacen lo que les viene en gana y no obedecen a nadie. Luego empezó a vociferar que por culpa del fin del milenio, la gente se tomaba demasiadas libertades y se iba y venía cuando quería, sin sentir obligación con los demás. Y siguió con que hoy día se confundía ser sincero con ser grosero y que ya no había valores y que nadie ayudaba a nadie y que todos eran enemigos de todos, eso dijo.

En la tarde regresó, para pedirnos que le cuidáramos a su gato porque se iba de vacaciones. Ni locos que estuviéramos le dijo el viudo, si se parece a sus nietos qué horror. Yo creo que no quiso, por aquella película en la que se arman muchos líos cuando un gato se le escapa a la señora a la que se lo encargan ¿te acuerdas? Y claro, la mujer se volvió a poner furiosa y otra vez se lanzó a vociferar que en este mundo la gente se tomaba demasiadas libertades y no sentía obligación con los demás y confundía la sinceridad con la grosería y que ya no había valores y que por culpa del fin del milenio ya nadie ayudaba a nadie y que todos eran enemigos de todos, eso dijo.

❖

Ahora que te empecé a escribir, me dieron ganas de contarte muchas cosas. Como ya no tengo mi máquina eléctrica, que quién sabe dónde quedó, compré unos cuadernos grandes con hojas rayadas y me voy a poner a llenarlos con mis historias y mis recuerdos, a ver si te interesan. Voy a comenzar desde el principio, cuando yo era muy joven, espero que no te aburras...

Capítulo cinco:
De lo que es, ahora sí definitivamente, el final

El viudo se burla de mí porque me ve encerrada, escribiendo todo el tiempo. Dice: ¿Quiere usted ganar un concurso literario?

❖

Cuando era niña, me ponían vestidos blancos llenos de encajes y moños que no debía arrugar ni ensuciar. Cuando me casé, fue con un vestido blanco lleno de tules y perlas que no me debía quitar sola para no convocar a la mala suerte. Luego, un amigo me hizo unos enormes vestidos de manta blanca pintada que no me podía cambiar para que no se pusiera triste.

Hoy, por fin puedo vestirme como quiera. Así que he dejado atrás los colores pastel y sólo uso el azul marino. Y siempre pantalones, ya no me pongo vestidos. ¡Esta es mi idea de la libertad!

❖

Mi abuela tejía mientras vigilaba mis prácticas de piano. Yo le decía que de grande iba a ser una concertista famosa y que saldría retratada en calendarios como los que me traían de la capital, sentada frente al majestuoso instrumento, con mi larga trenza oscura y mi perro sobre las rodillas. Mi viejita, que escuchaba con paciencia mis fantasías, decía: Ay mi niña, las cosas en la vida nunca son como uno quiere. Y decía: Por eso ahora te mimo, para que luego, cuando yo no esté, el buen recuerdo te acompañe y te permita sobrellevar los momentos difíciles. Y decía: De todos modos, pase lo que pase, recuerda que has sido y serás siempre una reina.

❖

Una reina, soy una reina. Lo fui cada cumpleaños cuando apagaba las velas del pastel y me cantaban Las Mañanitas. Lo fui después cuando vivía en un pueblo y caminaba por sus calles empedradas acompañada del único amigo que he tenido. Lo fui la noche en que por primera vez en mi vida bailé, durante horas y horas sin parar.

Pero luego dejé de serlo. Reina de qué, de quién, de dónde, para qué. Reina para ver la televisión, para pagar las mensualidades de un auto viejo y las medicinas de mis hombres, reina para acordarme de mis recuerdos y escribirlos en estas hojas de papel.

¿Ya te conté que además de estar mutilada por un cáncer que nunca tuve a lo mejor ahora tengo uno del que jamás sabré? ¿ya te dije que estoy enferma de los pulmones por respirar caca de palomas millonarias? ¿ya te platiqué de una operación que tuve hace años por culpa de lo que me hizo un gordo cuya imagen me ha perseguido toda la vida en mis pesadillas? ¿ya te dije que yo tenía una nariz grande y una trenza larga y que las dos me las cortaron sin preguntarme mi opinión?

Ay Rosalbita, últimamente me he acordado del rancho de mi padre y se me ha antojado volver allí y encontrar a mi gente y comer plátanos fritos espolvoreados con azúcar y tocar el piano. En la mesa de la cocina corro mis dedos para arriba y para abajo de un teclado imaginario y me doy cuenta de que ya no tengo ni la velocidad ni la fuerza de antes.

Debe ser porque hace mucho tiempo que dejé de tomar leche y la leche, decía mi nana, es lo mejor para la salud.

Ay Rosalbita, quisiera saber cuándo murió mi abuela y dónde está enterrada, quisiera reclamar por el vestido que le echaron a perder a mi hija en la tintorería y por las mujeres violadas en ya no me acuerdo cuál país de Europa, quisiera saber lo que sucedió con mis perros y con una señora a la que le di ideas para resolver su divorcio.

Yo tenía un relicario en el que guardaba un mechón de pelo oscuro en recuerdo de mi primera menstruación. Si ahora lo tuviera, si no me lo hubieran robado, podría guardar un mechón de pelo blanco en recuerdo de la última.

❖

Yo no sé si en esta vida las decisiones las tomo yo o ellas me toman a mí. Creo que más bien ha sido esto último. A mí las cosas me han sucedido: este me empujó, aquel me jaló, uno me ofreció, el otro me arrebató. Yo sólo obedecí y no tuve nada que ver.

❖

¿O sí tuve?

A lo mejor cada vez que me fui, cada vez que hice por olvidar, cada vez que guardé silencio, estaba eligiendo. Quién sabe, puede ser.

❖

Aunque nunca fui a la escuela, me educaron como señorita fina, que tenía que hablar correctamente y sentarse con la espalda muy derecha. Lo de hablar, más o menos lo conseguí, copiándole sus modos a los que tenía cerca. Pero lo de la espalda no: por más que he hecho esfuerzos ¡todavía me resulta imposible!

Mi abuela hizo todo para que yo tuviera letra bonita y para que no perdiera la inocencia. Lo de la letra no lo consiguió, por más clases de caligrafía que me obligaron a tomar, sigo con mis garabatos. Pero lo de la inocencia sí: por más que he vivido tanto tiempo en esta ciudad ¡todavía me sigue engañando!

❖

Ayer se los dije cuando estábamos cenando: Me voy a suicidar.

Antonio José no comentó nada, ni siquiera estoy segura de que escuchó. El viudo en cambio se sobresaltó y preguntó: ¿Qué le falta señora, qué le sobra, qué le ofende? Y luego dijo: ¿Acaso no se tragó las pastillas que le di? Sí contesté, me las tragué, pero aun así siento ganas de morirme. Es que no las disolvió en agua dijo, de ese modo no hacen efecto. Y dijo: Pero de todos modos, si está usted decidida, es muy su vida, muy su derecho, no seré yo quien se lo impida. Sólo quisiera pedirle un favor, que me permita casarme con usted in articulo mortis para ahora sí ser viudo de verdad.

❖

Tres noches he estado dándole vueltas en mi cabeza a eso del matrimonio. A estas alturas de mi vida, ya no puedo tomar una decisión tan importante sin pensarlo bien, ya me equivoqué demasiadas veces. Y además, estoy convencida de que no conozco suficiente al viudo ni sé nada de él.

❖

Mejor suicídate conmigo le dije a mi amigo, para que nos entierren juntos y así quedemos por la eternidad. El buen hombre se me quedó mirando y muy serio me contestó: Eso no va a ser posible, porque a los suicidas en mi religión los entierran boca abajo y no quiero que me lo hagan a mí. Y dijo: Además, ni siquiera estaríamos juntos porque yo voy con los míos al panteón de los muertos judíos ¿lo conoce usted?

Al oír aquello, vino a mi memoria un día hace muchos años cuando recorrí unas calles oscuras que se enredaban alrededor del muro de ese cementerio. Un retortijón en el estómago, como aquel que sentí entonces, me dobló. Y por más que tomé té de manzanilla bien caliente, no se me quitó.

Cuando vio mi malestar, el viudo dijo: No se ponga así, se me ocurre que si para usted es tan importante estar juntos, pues la incineramos y echamos sus cenizas en el cajón, encima de mi cadáver ¿le gusta la idea?

❖

La idea me gustó, pero le pedí dos cosas: que a la hora de quemarme me dejara puestos mis maravillosos zapatos deportivos y que esperara el tiempo suficiente para que mi alma pueda abandonar el cuerpo porque quiero reencarnar. Pues entonces no se debería usted suicidar dijo, porque va a descender en la cadena de los seres vivos. Pero si eso es precisamente lo que quiero respondí, ser un perro en otra vida. Con tantita suerte, voy a dar a una casa de gente rica, donde haya jardín, niños, comida, ejercicio, juegos y consentimientos sin tener que trabajar ni preocuparme de nada. Y dije: Eso sí que sería vivir la vida.

❖

Le pregunté al viudo su edad. Se me metió en la cabeza que tenía que saberla. Mire usted dijo, no la sé y nunca la he sabido. Mi madre decía que nací el año en que tuvo la alergia y que entré a la primaria cuando se le hinchó el pie, que llegué a la pubertad un día antes de su operación y que me fui de la casa cuando le dio la peor jaqueca de su vida, así que ni idea tengo. Y luego dijo: ¿Ya vio la película El baile?, la iban a pasar uno de estos días en la televisión.

❖

Estoy mal, decaída y triste. Ni siquiera he tenido ganas de practicar el piano, aunque de todos modos no podría porque sobre la mesa de la cocina, Lupita ha ido poniendo los papeles del viudo para llevarlos al Registro Civil, ella que todos los caprichos le cumple. Me faltan los tuyos dice. Yo nunca he tenido ninguno respondo, mi padre no me registró, a la escuela no fui, propiedades no tengo, mis matrimonios fueron arreglados con dinero y mis viajes con influencias. Y digo: De todos modos no te afanes porque no sé si me voy a casar con el viudo, todavía no lo pienso bien. Pero a ella le da lo mismo lo que yo opine y considere, lo único que le importa es lo que quiere él.

Por cierto que, viendo el montón de documentos allí expuestos, me enteré del nombre de mi amigo que en todos estos años nunca supe: se llama Abraham Umanski.

❖

El once de diciembre parecía una buena fecha para suicidarme, porque para entonces ya habría acabado de escribir lo que quería contarte. Pero en la televisión pasaron un programa muy bonito en el que muchos cantantes famosos le llevaron serenata a la Virgen por su santo, así que mejor me puse a verlo y dejé para otro día lo de mi huida de este mundo.

Luego vinieron la Navidad y el Año Nuevo y tampoco lo pude hacer porque se me antojó tomar el ponche del restorán de la avenida, ese que sirven en un jarrito con forma de piñata y comer los romeritos y el pastel de frutas que venden en el súper.

Tampoco en enero pude cumplir con lo que me propuse, porque todo el mes se me fue en hablarles por teléfono a los del horóscopo, de a doce pesos el minuto, para que me ayudaran a elegir el momento más propicio para hacerlo.

En febrero lo tuve que volver a posponer, porque cuando por fin ya me había decidido, no llegaron los que reparten el agua embotellada y no quise tomarme las pastillas con la de la llave que siempre me cae muy mal al estómago.

Y mientras tanto, sucedió que Antonio José pasó a mejor vida o como dicen, hizo su tránsito luminoso, o lo que es lo mismo, falleció.

❖

Y entonces, recuperé la alegría de vivir. Qué momento maravilloso, qué felicidad. ¡Nunca más tendré que soportar el olor de su loción!

Estoy tan contenta, que otra vez salgo a pasear: camino un rato por las calles, luego me siento en una banca del parque. Veo a los niños jugar, a las señoras ir de compras, a los árboles florear. A veces me como una jícama o un chicharrón, aunque sin chile por aquello de mi estómago que está tan mal. Me cuesta trabajo decidir cuál de los dos quiero, desde niña era así, podía estarme horas pensando antes de elegir este o aquel moño, este o aquel postre. Pero ahora ya no importa si me tardo, no tengo ninguna prisa, nadie me espera para que lo lleve al baño.

Y por supuesto, le dije al viudo que no me casaría con él. La razón se la expliqué con claridad: Usted se ve muy amolado, seguro que se parece más a su papá que a usted mismo. Y eso que no conocí a su progenitor. Y le dije: Prefiero a alguien más joven, para que me dure muchos años.

❖

Hoy fui de compras. Hacía siglos que no iba a las tiendas y tal vez por esa falta de práctica compré todo mal: los zapatos deportivos con los que llevo años soñando, me quedaron demasiado grandes, la blusa como la que le había visto puesta alguna vez a tu mamá, resulto ser negra en lugar de azul y por si fuera poco, me dejé convencer de llevar el disco de un cantante de moda ¡que lo único que hace es pujar!

❖

Quisiera cambiarme el nombre, odio el que me pusieron.

Una sola vez en la vida estuvo a punto de gustarme, cuando creí que mi marido había colgado letreros en los postes de luz alrededor de nuestra casa para darme la bienvenida a la capital.

De niña quería llamarme Esperanza como mi mamá, pero a mi padre ese nombre le quemaba, no lo podía ni oír. De joven me puse Elsa, como una señora que conocí, pero con el tiempo lo fui olvidando.

Cuando llegué a esta ciudad descubrí que era posible llamarse Heidi, Vanesa, Pamela, Jéssica ¡cómo se me antojaba tener uno de esos!

Pero si hoy pudiera elegir, me pondría el nombre más maravilloso que existe, me llamaría Ladidí.

❖

Es curioso, pero hace tiempo los hombres me gritaban piropos y las mujeres me preguntaban ¿me permite pasar? Ahora ya no, nadie me ve y sólo si nos tropezamos se dan cuenta de que estoy allí. Cuando me siento en las bancas de los parques, ninguno de los que se pone junto a mí hace por sacarme conversación. Puedo meterme entre la gente, acostarme sobre la banqueta, subirme a un árbol, hasta raparme la cabeza o pintar mi cara de azul, y ni quién me mire. Soy completamente transparente, no existo. Debe ser porque ya tengo cincuenta años.

❖

El viudo sigue burlándose de mí. ¿Qué es esa insistencia por escribir? pregunta, ¿quiere dejar un testamento? ¿o quiere ganar un concurso literario?

❖

Ciudad de México, Condominio Aurora.
Querida Rosalbita,
    Esta es la última vez que me dirijo a tí. He decidido ahora sí, irme de este mundo. Y no porque ya se me haya quitado la felicidad de mi recién recuperada soltería, ni porque me pese mucho estar tan mal del estómago, ni tampoco porque no tenga nada que hacer desde que el problema económico se nos resolvió gracias a la santa de doña Rosalba, ni mucho menos porque ya no quiera recordar el pasado, al contrario, me encanta volver a él. Nada de eso. Es más, ni siquiera se debe a que como son las cosas en el mundo, ya de todos modos he dejado de existir dado que soy lo que se llama una mujer madura.

La verdadera razón es mucho más simple y te la voy a decir: ¿Te acuerdas que te conté de un disco que compré de un cantante que está de moda? Bueno, pues ya no puedo aguantar que en los taxis y en los camiones, en la farmacia y en la panadería, en el súper y en el mercado tenga yo que escuchar esa voz acaramelada y esos pujidos que nos asestan sin piedad desde los radios, televisiones y tocadiscos encendidos a todas horas, en todas partes y a todo volumen: Tú la misma de ayer, la incondicional...

Un ser humano tiene un límite para lo que puede resistir y el mío ha sido colmado. No quiero vivir más, porque no soporto seguir escuchando a Luis Miguel.

Epílogo:
En el que se afirma que así es la vida

To: Goettingen@netnet.swe
From: Rosalba@netnet.swe

Querido Lars, hoy fui a recibir el premio. Había mucho público, escritores y editores, críticos y periodistas, parece que es un reconocimiento importante en este país.

En el avión pensé un breve discurso por si me pedían que hablara y sí me pidieron. Se me ocurrió hacer un testimonio personal, eso siempre gusta y en este caso me servía además para ocultar que no conozco la obra. Dije que los libros trastornan, especialmente a las mujeres, y conté de la madre de Susana que leyó unas cuantas páginas en su vida pero eso bastó para que lo abandonara todo, de Susana que siempre soñó con escribir aunque fuera sólo uno, de mi madre que me crió obedeciendo al pie de la letra las instrucciones de varios, de mí que partí a un país lejano y desconocido en busca de lo que ellos prometen y de mi hija que ni los mira. Aplaudieron bastante aunque les debe haber llamado la atención que me fuera por las ramas y nunca tocara el tema que nos convocaba.

A la hora del coctel, se me acercó mucha gente y casi todos se mostraron sorprendidos de que me hubiera presentado al concurso con mi nombre, aunque más de uno confesó que creyó que ese era el seudónimo.

El crítico que encabezó el jurado es un señor ya mayor, muy respetado por aquí. Su nombre, Luis Vargas de la

Serna, lo oí de niña pronunciado por Susana con verdadero disgusto, y más de una vez dijo que algún día le iba a dar una lección y hacerlo que se mordiera la lengua, porque el hombre gritaba a los cuatro vientos que los escritores extranjeros eran siempre mejores que los nacionales. Pero a mí no me desagradó, o como se dice con esa expresión que nunca has acabado de aceptar, no me cayó mal. Me saludó muy amable y me reiteró los motivos por los cuales me premiaron. Dijo que el texto le parecía inteligente y con sentido del humor y que su aparente sencillez escondía una profunda filosofía, además de mucho trabajo de escritura. Pero sobre todo, insistió en que le encantaba su ritmo moderno, ya basta de textos lentos y demorados dijo, estamos en tiempos del video.

Me llamó la atención que fuera precisamente el más viejo quien dijera eso y que el más joven no votara a favor. Y es que, desde su punto de vista, no se sabe con claridad si es o no ficción, además de que no es lo que en Estados Unidos y en Europa esperan que se escriba en los países del Tercer Mundo. Dijo que se deben seguir cultivando los modos, géneros y temas que ya han funcionado y que no ve la necesidad de cambiarlos. La clave es no meterse con la vida cotidiana y con la gente normal, sino dar cuenta de las grandes pasiones siempre desgraciadas, de la naturaleza indómita y la violencia brutal dijo.

Una periodista me preguntó cómo es que hablo tan buen español, casi sin acento. Lo aprendí de mi marido le contesté, que lo habla perfectamente porque ha trabajado en varios países hispanos. Entonces me acordé de cuando te vi por primera vez, el momento aquel en que entraste por la puerta del mismo avión en el que yo viajaba y casi me ahogo, porque eras el hombre más hermoso que existía, alto, rubio, con una sonrisa que derretía el hielo. Y luego lo que sentí cuando te tocó sentarte junto a mí y resultó que hablabas mi lengua y no sólo eso, sino que te gustaba conversar en ella. El flechazo fue instantáneo, para mí que no creía

en que esas cosas sucedían. ¿Te acuerdas que de tan nerviosa que me puse, me volví estúpida y lo único que se me ocurrió para sacarte conversación fue decirte: Perdón ¿lo puedo
molestar con una almohada? Y tú te enojaste y hasta te pu-
siste agresivo: ¿Por qué me quiere molestar con una almohada? ¿qué le he hecho para que me quiera molestar? Me
tomó mucho rato explicarte que era sólo la manera mexicana
de pedirte ¡que me pasaras un cojín para dormir!

Bueno mi querido, son cerca de las once. Estoy agotada por el viaje tan largo y por tantas sorpresas. Además los de
la oficina del hotel ya quieren cerrar y sólo esperan que termine de mandarte este correo, así que me voy a dormir y ya mañana será otro día. Mil besos a ti y a los niños.

P.D. No tengo nada que decir en la posdata, pero ya sabes que
desde que Susana me enseñó lo que son, siempre me han encantado y siempre las pongo.

❖

To: Goettingen@netnet.swe
From: Rosalba@netnet.swe

Querido Lars, hoy firmé el contrato de edición, veinte
mil ejemplares. Todos por aquí aseguran que será un éxito. La
tarde la dediqué a dar entrevistas. Estuve en las oficinas de la
editorial inventando respuestas y repitiendo, cada vez que me
acorralaban con preguntas del tipo de ¿es autobiográfica? o ¿re-
trata al país? que de eso no quería hablar, que ya lo verían cuando se publicara. Por supuesto, la primera que tendrá que
averiguarlo soy yo. Fue curioso, pero mi silencio generó un mis-
terio que ha provocado que se hable mucho del libro. Los editores hasta creen que es una estrategia publicitaria de mi parte,
imagínate.

Bueno, me voy a dormir, otra vez estoy agotada. Mañana te escribo. Mil besos a ti y a los niños.

PD. ¿Crees que algún día sabré la verdad? ¡Aquí estoy de cómplice en este extraño asunto que me tiene loca de curiosidad!

❖

To: Goettingen@netnet. swe
From: Rosalba@netnet. swe

Querido Lars, por fin terminaron los compromisos oficiales, las ruedas de prensa y las invitaciones. Ahora soy libre. Así que hoy mismo iré a la casa para ver cómo encuentro todo. A estas horas seguro ya saben que ando por aquí, salí en la televisión y en los periódicos y espero que no se sientan ofendidos porque no los he buscado, pero no tuve un minuto. ¡Si supieras cómo me duele la cabeza! He tomado más aspirinas en estos días aquí que en toda mi vida.

Te beso con cariño.

P.D. Acuérdate de que Susan tiene la cita con el dentista mañana a las tres.

❖

To: Goettingen@netnet.swe
From: Rosalba@netnet. swe

Querido Lars, la vida puede ser muy triste, tú y yo afortunadamente no sabemos de estas cosas. Fui a la casa, mi casa, donde crecí. Desde que llegué al edificio me sentí mal, ¡está tan venido a menos! La pintura descascarada, en la fachada restos de una manta raída que anuncia algún refresco, las escaleras desgastadas. Pero cuando entré al departamento con mi vieja llave, todo apareció bastante limpio y ordenado. Y para mi alegría, allí estaba el viudo, sentado frente al televisor con todas las luces apagadas, él que tanto miedo le tiene a la oscuridad. No me reconoció pero tampoco pareció asustarse de que alguien se hubiera metido así nada más, y en todo caso no habría podido decirlo porque el pobre ya no habla. Me senté junto a él y le acaricié las manos y la cabeza.

Al rato llegó Lupita. Es ahora una señora entrada en años y en carnes, que en nada se parece a la que yo guardaba en mi memoria. Lo que más me impresionó es que viniendo de la familia que viene, sus zapatos están chuecos, se le asoma el fondo y en lugar de botones, cierra la ropa con alfileres de seguridad. ¡Su abuela debe estar revolcándose en la tumba! Ella sí se sorprendió de verme allí en su sala, pero me reconoció al instante y hasta se emocionó. Si no has cambiado nada dijo, seguro es porque en esos países desarrollados comen sano y hacen ejercicio. Y dijo: Por lo visto a ti se te hizo el milagro, tengo entendido que te casaste con uno de allá. Entonces le conté de nosotros y de los niños y del negocio y me escuchó muy atenta. Luego le pregunté por qué nadie me mandó nunca ni una carta y me contestó que era raro pues Susana pasaba el día entero escribiendo y decía que era para mí.

En cuanto dieron las siete se desconectó. Perdóname dijo, pero no puedo perderme la telenovela. Me apuro para llegar a verla, si quieres acompáñame y luego seguimos platicando. Sirve que conoces al galán Reynaldo Heiken, un gringo medio cubano que está guapísimo.

Les llevé regalos, ropa, comida, todo lo que pude comprar y me quedé varias horas con ellos. Tal como lo juró en su juventud, la mujer vive sólo para él. De día sale a trabajar y ya por la tarde cuando vuelve, lo baña y le prepara sus alimentos. Quién lo hubiera dicho, esa muchacha que parecía tan egoísta y fría, que nunca movió un dedo por nadie, ahora hecha una santa cuidando al viejo.

Mañana les mandaré un plomero porque el excusado no sirve, las llaves del lavabo no cierran bien y el calentador gotea, pero aquí no les preocupa demasiado que se desperdicie el agua, por mucho menos allá ya nos habrían multado. Y buscaré un médico para el viudo que de plano se ve muy mal. Me pregunto qué edad podrá tener si ya era viejo cuando yo vivía aquí.

Te beso con cariño.

P.D. Extraño a mis perras. No te olvides de que a la Maga le toca la vacuna pero a la Bala todavía no, hasta dentro de tres semanas.

❖

To: Goettingen@netnet.swe
From: Rosalba@netnet.swe

Querido Lars, perdona que no te escribí ayer, pero no sabes lo que es este país. El plomero que me prometió muy formalmente venir no llegó, me hizo esperar toda la mañana y jamás apareció. Y como aquí no tienen teléfono, porque es caro y como dice Lupita de todos modos nadie nos llama, tuve que salir a buscar a otro pero ninguno quiso venir. La próxima semana decía este, estoy muy ocupado decía aquel y así. Cuando por fin conseguí que alguien aceptara, lo hizo todo mal y encima con trampa, poniéndome cosas de segundo uso que me cobró como si fueran nuevas.

Lo del médico también fue muy complicado. Moví cielo, mar y tierra, hasta ayuda de la embajada pedí, para conseguir la cita con un especialista, pero Lupita no me dejó llevarlo. Los domingos vamos a rezarle a la Virgen de Ocotlán para que lo cure me dijo, es muy milagrosa. Así como lo oyes, se trepan en un camión para ir hasta un santuario que está a tres horas de distancia de aquí y ella dice que aunque el viudo no es católico, va gustoso porque está convencido de que cualquier fe es cosa buena.

Total, que no arreglé nada de lo que me proponía hacer y encima estoy cansadísima. La ciudad me agotó. Cruzar una calle es una odisea en la que te juegas la vida, nadie se detiene nunca para dejarte pasar. Me topé con una marcha en la que pedían que se autorizara el aumento al precio de la leche y en la que derramaron sobre el pavimento miles de litros ya descompuestos que olían horrible y poco después con un mitin por el derecho de las mujeres al aborto. Es increíble, pero cuando yo era niña ya estaban luchando por lo mismo y es la hora que no lo pueden conseguir, qué país tan tradicional, tú y yo tendríamos seis hijos si viviéramos acá. En general te diría que la gente trata bastante mal, camioneros, burócratas, dependientes de las tiendas, son muy malhumorados, todo lo que pides dicen que no se puede o que no hay. Yo no recordaba que las cosas fueran así, quizá es porque son demasiados habitantes encimados o porque el aire está muy enrarecido o porque hay tantos anuncios, muy grandes y llamativos, que de cigarros, que de ropa, que de cerveza, de lo que se te ocurra. Y muchísima propaganda electoral porque pronto van a escoger presidente. Hay un montón de candidatos y sus retratos cuelgan de todos los postes. Los ves siempre sonriendo como si fuera obligatorio, y ofreciendo esto y aquello. Hay mantas, banderines, frases pintadas en las bardas, letreros espectaculares. A mí todo esto me marea y aunque la gente dice que ya se acostumbró y que ni siquiera la ven, estoy segura de que les afecta. Pero lo peor es el ruido, en todas partes y a toda hora, claxonazos y televisores y radios encendidos. No entiendo cómo no se han quedado todos sordos.

Bueno, saludos y besos para todos.

P.D. A estas alturas, con apenas unos cuantos días por aquí, ya estoy harta de oír en las tiendas y restoranes, hasta en los taxis, a un cantante de moda que se llama Luis Miguel.

❖

To: Goettingen@netnet.swe
From: Rosalba@netnet.swe

Querido Lars, aquí sigo, tratando de ayudar en algo a esta pobre gente, tan querida para mí. Pagué sus cuotas del condominio, debían años de mantenimiento, es que tienen muy poco dinero. Fíjate, con lo barato que es el gas, apenas terminan su aseo y su comida, cierran hasta los pilotos de la estufa y del calentador para no gastar y se alumbran con apenas un foco, que apagan mientras ven televisión. Es extraño, pero nunca supe bien a bien de dónde salía lo que teníamos para vivir, parece que alguien les había mandado una vez bastantes dólares de regalo y en una época a Susana le dio por tejer para mantenernos.

Estoy tratando de conseguirles una sirvienta para que les haga la comida y la limpieza y así Lupita no tenga tanta carga, total que aquí no sale caro. Puedo mandarles un giro dos veces al año y listo. Pero no he podido encontrar una, así como lo oyes. Habiendo tanto desempleo, todas llegan con muchas exigencias, que es poco pago, que es mucho trabajo, que la cocinada yo no la hago, que planchar me hace daño, que cuándo son las salidas. Luego de varios intentos, por fin me arreglé con una a la que le tuve que dar un adelanto para que ella a su vez consiguiera quién le cuide a su mamá y además aceptar que se vaya en las noches, porque dice que de otro modo no acompleta, que con el puro sueldo no le alcanza. Y así y todo se fue, ofendida porque yo no le había comentado nada sobre si su trabajo me gustaba o no, imagínate ¡apenas antier entró!

Lo más increíble es que cuando se lo conté a Lupita, aprovechó para decirme que algo había de cierto, porque yo tenía un modo muy duro de hablar. Y es que ya se me había olvidado como son las cosas en México. ¿Te acuerdas que cuando aprendí el sueco lo hablaba como si fuera español y nadie me entendía? Tú decías que las palabras eran las correctas pero algo no cuajaba cuando yo empezaba con mi porfavorcito señor ¿podría tener la amabilidad de prestarme una cucharita? o ¿le podría pedir si fuera usted tan gentil de traerme un vasito con un poco de agüita? Los de los restoranes se iban antes de que yo acabara de pedir, mientras tú gritabas ¡agua! ¡cuchara! y te traían todo sin más. Pero ahora resulta que estoy mal otra vez y que aquí debo volver a hablar con diminutivos y disculpas como si me avergonzara de lo que digo. En fin, que cada país tiene sus modos.

Bueno, muchos besos para ti y los niños, me voy a dormir.

P.D. Creo que ayer no te escribí posdata ¿o sí? No me acuerdo. Este país me está afectando sin duda.

❖

To: Goettingen@netnet.swe
From: Rosalba@netnet.swe

Querido Lars, Lupita me ha pedido que revise las cosas de Susana y me lleve lo que quiera para ya poder vaciar el cuarto. Ella no va a conservar absolutamente nada de su mamá. Así que me espera un día largo, de mucho trabajo y muchos recuerdos removidos.

¿No te parece una burla de la vida que a mí, que soy propietaria de una empresa que se dedica a vaciar casas ajenas y a tirar lo que no sirve, que de ese negocio es del que vivo, me cueste ahora tanto trabajo hacerlo aquí, en la que fue mi casa? ¿no te parece una broma del destino que yo me haya reído porque en las casas de los mexicanos se guarda todo y nunca se tira nada y que ahora sea precisamente gracias a eso que voy a poder encontrarme con algunos objetos muy amados de mi infancia? Como diría Susana ¡Así son las vueltas de la vida!

Bueno, otra vez mil besos para ustedes.

P.D. ¿Acabaron ya con la casa de los Tame? No te olvides de que la ropa no la iban a vender sino a mandar al Centro de Recuperación de Objetos Destinados a los Países Pobres, pero no el del centro sino el que está en la avenida Olsen.

Otra P.D. En la escalera me encontré a la prima de Gertrude. Casi se desmaya cuando le conté a lo que se dedica. ¿Ese es el sueño que se fue a perseguir tan lejos y para el que te arrancó de tu gente? preguntó. Y no me creyó cuando le aseguré que está bien.

❖

To: Goettingen@netnet.swe
From: Rosalba@netnet.swe

Querido Lars, ha sido un día muy duro para mí. Entré en la recámara de Susana, allí estaba su cama tendida, su ropa colgada, como si no hubieran pasado tantos meses desde que murió. Me senté en su sillón junto a la ventana, el mismo que alguna vez había sido de doña Rosalba, y me la imaginé muy vivamente. Después abrí sus cajones y me encontré con cosas increíbles: las fotos que estaban colgadas en el rincón de la abuela cuando yo era niña, la mascada y el dibujo que le regalé cuando me fui a Suecia, el recibo de compra de unos zapatos deportivos, una blusa y un disco y un montón de cuadernos de esos grandotes, de rayas, llenos hasta el tope, escritos con su letra tan fea. Todo esto me lo traje conmigo, con la autorización de Lupita por supuesto, que me lo regaló. No sé para qué lo quiero, pero no me atreví a tirarlo. Bueno, voy a cenar y a dormir. Besos para todos.

❖

To: Goettingen@netnet.swe
From: Rosalba@netnet.swe

Querido Lars, anoche estaba tan cansada que me dormí sin tocar el sándwich que había pedido al cuarto. Pero en la madrugada me desperté y como no pude volver al sueño, me puse a leer uno de los cuadernos de Susana. No sabes lo que fue eso, ya no los pude soltar. Me divertí, me conmoví, aprendí, lloré, reí, extrañé, recordé. He seguido paso a paso su vida, esa que tantas veces me contó a pedazos y que antes de irme le pedí que me escribiera. ¿Y sabes una cosa? ¡Me sorprendió ver cuántas cosas les suceden a las personas que nos rodean y parece que no pasa nada! Lo que más me llamó la atención es que lo relata como si todo hubiera sido muy sencillo, como si todo hubiera fluido, como si hasta las situaciones más terribles o más felices no le hubieran afectado. Estoy segura de que a ti también te va a gustar y que leyéndola la conocerás mejor que todo lo que yo te pueda decir. Y de paso conocerás a mis paisanos, esa forma de ser nacional de la que tantas veces hemos hablado y que no puedes acabar de entender. ¿Te acuerdas del que nos dio la conferencia en el club que decía que había que enmascararse para desenmascarar a la sociedad? Pues es como si mi querida Susana fuera la inventora de esa consigna, porque usa las palabras para hacer visibles verdades que por otra parte son tan evidentes.

Pero no te preocupes mi querido, que no me voy a poner filosófica o si ya me puse, aquí le paro. Lo que me voy a poner es práctica y le voy a hacer su página en el Internet para que las personas que como nuestra hija no quieren tener nada que ver con los libros, también la puedan leer. Y cómo prólogo pondré las palabras que tenía enmarcadas sobre la mesa de noche, junto a su cama, y que a fuerza veía siempre antes de dormir. Son dos frases, una dice algo así como que la vida es un juego, mientras que la otra advierte lo fácil que es pasar del bienestar al malestar. Como te habrás dado cuenta, estoy muy alterada, ¡hasta parezco otra vez latina y no sueca!

Te beso mucho.

P.D. No puedo aguantarme de decirte las dos cosas que me impactaron: una es que al leer a Susana vi que su cuerpo no existe, que apenas si lo menciona. Y me dolió darme cuenta de que a mí me sucede lo mismo, que jamás me he mirado a fondo y que todo se lo he apostado a la mente. ¡Y es que yo iba a ser un genio de las matemáticas! Y la otra, fue darme cuenta de que mi manera de hablar es idéntica a la suya, los mismos giros de lenguaje, las mismas maneras de contar ¡cómo se nota que fue ella quien me educó!

❖

To: Goettingen@netnet.swe
From: Rosalba@netnet.swe

Querido Lars, por la tarde pasé a ver a Lupita y al viudo antes de irme al aeropuerto. Quería despedirme y preguntarles cómo había sido el final. Me importaba mucho saberlo, porque ella nunca se sintió la dueña de su vida ni de sus decisiones y en el último momento parecía estar dispuesta a que eso cambiara.

Lo que me dijo su hija, es que Susana andaba diciendo que se quería suicidar, pero cuando se murió su marido se puso tan contenta, que hasta creyeron que había cambiado de opinión. Dice que empezó a salir otra vez, a ir de compras y a pasear, pero que después de un corto tiempo, de nuevo se fue para abajo. Se encerró en su cuarto y todo el tiempo escuchaba la música de un cantante de moda y decía: Me mata, me infarta, pero no se moría. Y mientras, allí se la pasaba escribiendo, tanto, que hasta el viudo le hacía burla.

Un día cuando volvió del trabajo, la encontró muerta. El médico les explicó que lo que parecían molestias estomacales eran en realidad problemas del corazón y que había sufrido un infarto.

Sus cenizas están guardadas en una caja de zapatos de color azul, de esas en las que envuelven los de tipo deportivo. Está puesta sobre la repisa del comedor. Como no había constancia de que nació, no hay necesidad de avisar que murió dice Lupita. Y dice: Estamos esperando a que el viudo fallezca para echarlas encima de él. Pero créeme mi querido Lars, que este buen hombre no parece tener intenciones de irse y en todo caso, para cuando eso suceda, ya no quedará nada que echar porque cada vez que pasa por allí, toma un poco entre los dedos y se las come. Yo digo que eso es amor ¿qué piensas tú?

Ahora te cuento lo más increíble: cuando entré a dar la última mirada a ese lugar al que estoy segura que ya nunca volveré, llamó mi atención un papel entre todo lo que yo misma revolví y luego abandoné en una bolsa de plástico destinada a la basura. Me acerqué a verlo y descubrí que se trataba de un recibo en el que se asienta que Susana M. de Lara mandó su manuscrito a un concurso, firmándolo nada menos que con el seudónimo de Rosalba Goettingen.

❖

Posdata: Por cierto, la autora me ha pedido que le preste una de mis frases para usarla como epígrafe. Yo acepté pues total ¿qué pierdo? Sólo le puse como condición que se lleve también el disco del cantante ese que está tan de moda y cuyo nombre ya se me olvidó. ¡Así me deshago de él!

Vivir la vida terminó de imprimirse en junio de
2001, en Litográfica Ingramex, S.A. de C.V. Cen-
teno 162, Col. Granjas Esmeralda, C.P. 09810, México, D.F.

DATE DUE			